LESSON 1 2年のふく習 ①

正かい 18問中 / 合かく 15問 / 問 / 月 日

1 次(つぎ)の——線の読み方を書きましょう。

① 楽しい [　] 生活を [　] 送(おく)る。

② 朝に [　] なると、空は [　] 晴れた。

③ 家の [　] 中で [　] 読書を [　] する。

④ 船から [　] おりて 汽車に [　] 乗(の)る。

2 次の漢字(かんじ)を書きましょう。 *（　）は送りがなも書きましょう。

① この □(うま) は、とてもはやく（はしる）。

② □□□(どようび) の □□(ごご) には、テニスをする。

③ 駅(えき)で □□(しんぶん) を（かう）。

④ この □□(きょうしつ) は、とても（ひろい）。

⑤ この道は、□□(こうつう) 量(りょう)が（お

答えは89ページ

LESSON 2

2年のふく習 ②

月　日

正かい 18問中　問　合かく 15問

1 次(つぎ)の――線の読み方を書きましょう。

① 兄[　]と　いっしょに　池[　]で　遊(あそ)ぶ。

② わたしの　弟[　]は　算数[　]が　得意(とくい)だ。

③ こわれた　電気[　]製品(せいひん)を　直[　]す。

④ 二人には　それぞれ　強[　]さと　弱[　]さが　ある。

2 次の漢字(かんじ)を書きましょう。

① 森の中で □□(やちょう) が (なく)。

② その □□(こうえん) は、□(うみ) のそばにある。

③ □□(きいろ) と □(くろ) のしま模様(もよう)がある。

④ とても (たかい) ねだんで、土地を (うる)。

⑤ □□(こんしゅう) は、雨が (すくない)。

答えは89ページ

LESSON 3

2年のふく習 ③

正かい18問中　問　合かく15問　月　日

1 次の――線の読み方を書きましょう。

① 姉は、学校で　図書委員を　して　いる。
[　　] [　　]

② 肉ばかり　食べるのは、体に　よく　ない。
[　　] [　　]

③ 昼食を　すぐに　中止して　出発した。
[　　] [　　] [　　]

④ 合理的に、考える　ことが　ひつようだ。
[　　] [　　]

2 次の漢字を書きましょう。

① わたしの □(いもうと) は、□□(こくご) が得意だ。

② □□(とうじつ) になると、□□(かいわ) するひまもなかった。

③ (ほそい) 糸は、すぐに (きれる)。

④ □(うし) が、大きな荷車を (ひく)。

⑤ きれいな □(こえ) で (うたう) 人。

答えは89ページ

LESSON 4

2年のふく習 ④

正かい18問中　合かく15問　問

月　日

1 次(つぎ)の——線の読み方を書きましょう。

① 夏の はじめに 麦を かりとる。
〔　〕〔　〕

② 春の 風景(ふうけい)を 絵に かく。
〔　〕〔　〕〔　〕

③ 冬に なると、家の 前の 道に 氷(こおり)が はる。
〔　〕〔　〕〔　〕

④ 秋の 夜空には、美(うつく)しい 星が かがやく。
〔　〕〔　〕〔　〕

2 次の漢字(かんじ)を書きましょう。

① □□(きょうだい)そろって、キッチンでお□(ちゃ)を飲(の)む。

② (　　)(ふるい)できごとについて(　　)(しる)。

③ □□(じかん)をかけて、□(かたな)をとぐ。

④ お□(てら)に行ったことを□□(にっき)に書く。

⑤ □(ゆみ)と□(や)で、動物(どうぶつ)をかる。

答えは89ページ

LESSON 5

2年のふく習 ⑤

正かい 18問中 問 合かく15問 月 日

1 次(つぎ)の——線の読み方を書きましょう。

① なるべく 自分の［　］ 頭で［　］ 考える ことが 大切だ。

② 思った［　］ ことを 紙に［　］ メモする。

③ 社会を［　］ よくする ための 計画。［　］

④ 谷には、［　］ たくさんの 岩が［　］ ならんで いた。

2 次の漢字(かんじ)を書きましょう。

① □□（しまい）は、そろって □□（げんき）に遊(あそ)んでいた。

② □（こころ）にうかんだことを（こたえる）。

③ 動物(どうぶつ)の□（け）で、筆(ふで)を（つくる）。

④ 月の□（ひかり）がとても（あかるい）。

⑤ □（ゆき）がふる前に、家に（かえる）ことにする。

答えは89ページ

LESSON 6

2年のふく習 ⑥

月　日

正かい18問中　合かく15問　問

1 次の――線の読み方を書きましょう。

① 生徒(せいと)の 親たちが 父母会に さんかする。
[　　] [　　] [　　]

② 朝の 十時に 店を 開ける。
[　　] [　　] [　　] [　　]

③ 台地で オーケストラが 音楽を えんそうする。
[　　] [　　]

④ 原形が 少しも 分からない。
[　　] [　　] [　　]

2 次の漢字(かんじ)を書きましょう。

① [とうざいなんぼく]に、一つずつ[もん]がある。

② 二人ずつ[くみ]になって（あるく）。

③ [とも]だちが、不思議(ふしぎ)そうな[かお]をしていた。

④ 音の[きょうじゃく]に合わせて[くび]をふる。

⑤ 港(みなと)の近くでは[さかな]がさかんに[ばいばい]された。

答えは89ページ

漢字を読もう　皮・皿・血・豆・身・次

正かい　12問中　　問　合かく10問　　月　日

① じゃがいもの皮。［　　　］

② 頭皮のマッサージ。［　　　］

③ 料理(りょうり)を皿にもる。［　　　］

④ 血まなこでさがす。［　　　］

⑤ 血液(えき)のけんさをする。［　　　］

⑥ 節分(せつぶん)に豆まきをする。［　　　］

⑦ お豆ふ、一丁(いっちょう)。［　　　］

⑧ 大豆を育てる。［　　　］

⑨ 身近な問題(もんだい)。［　　　］

⑩ 自分自身を知る。［　　　］

⑪ 次のバスを待(ま)つ。［　　　］

⑫ 目次を見る。［　　　］

チェックポイント

「皮」の筆順(ひつじゅん)は、「丿→𠂆→广→皮→皮」です。

⑧「小豆」は「あずき」と読みます。おぼえておくとよいでしょう。

答えは89ページ

LESSON 8

漢字を書こう

月　日

正かい 14問中　問　合かく 11問

① □（つぎ）の人をよぶ。

② □□（ひにく）なけっか。

③ □（さら）をあらう。

④ ひどい□□（しゅっけつ）。

⑤ みかんの□（かわ）。

⑥ □（まめ）電球（でんきゅう）をつける。

⑦ □（み）からでたさび

⑧ □（ち）を止める。

⑨ なつ□（とう）をまぜる。

⑩ □□（じかい）の予定（よてい）。

⑪ 受（う）け□（ざら）になる。

⑫ □□（しんたい）測定（そくてい）。

⑬ □□（だいず）料理（りょうり）。

⑭ □□（ひか）しぼう。

答えは89ページ

漢字を読もう 面・歯・鼻・主・乗・去

正かい 12問中 問 合かく10問

月 日

① 病院(びょういん)の面会時間。［　　］

② テレビの画面。［　　］

③ 歯をみがく。［　　］

④ えいきゅう歯が生える。［　　］

⑤ 鼻声がなおらない。［　　］

⑥ 地主に会う。［　　］

⑦ 主に英語を学ぶ。［　　］

⑧ 物語(ものがたり)の主人公。［　　］

⑨ 船に乗る。［　　］

⑩ バスに乗車する。［　　］

⑪ あらしが去る。［　　］

⑫ データを消(しょう)去する。［　　］

チェックポイント

「歯」の筆順(ひつじゅん)は、「丨→⺊→⺊→止→…→歯」です。

⑪「去る」と「来る」は、反対(はんたい)語です。「去来」という熟語(じゅくご)もあります。

答えは89ページ

LESSON 10

漢字を書こう

正かい 14問中 合かく11問　問

月　日

① バスに（のる）。

② □□(じめん)に立つ。

③ □□(はなうた)をうたう。

④ □□(きょねん)の正月。

⑤ □□(はぐるま)が回る。

⑥ 乳(にゅう)□(し)がぬける。

⑦ 米が□□(しゅしょく)だ。

⑧ 遠くに（さる）。

⑨ おにの□(めん)。

⑩ 持ち□(ぬし)に返(かえ)す。

⑪ □□(じょうば)の練習(れんしゅう)。

⑫ □□(はなみず)を止める。

⑬ □□(めんもく)が立つ。

⑭ 魚屋(さかなや)の□□(てんしゅ)。

答えは90ページ

LESSON 11 漢字を読もう 集・題・央・委・始・坂

正かい12問中 合かく10問 問 月 日

① 全員が集まる。［　　］

② 集合の時間を守る。［　　］

③ いよいよ本題に入る。［　　］

④ クイズを出題する。［　　］

⑤ 文集の題字。［　　］

⑥ 町の中央。［　　］

⑦ 運命に委ねる。［　　］

⑧ 委員会で話し合う。［　　］

⑨ 仕事を始める。［　　］

⑩ 工事を開始する。［　　］

⑪ ゆるやかな坂。［　　］

⑫ 坂道を上る。［　　］

チェックポイント

「題」の部首の「頁」（おおがい）は、顔に関係があることを表します。

「坂」の部首の「扌」（つちへん）は、土に関係があることを表します。

答えは90ページ

LESSON 12

漢字を書こう

正かい　14問中　　合かく　11問　　問

月　　日

① 人が（あつまる）。

② 部屋の[ちゅうおう]。

③ 天に（ゆだねる）。

④ [しゅうかい]に出る。

⑤ [さか]を下る。

⑥ 事(こと)の（はじまり）。

⑦ [ぶんしゅう]を作る。

⑧ [わだい]をかえる。

⑨ [ねんし]のあいさつ。

⑩ 急な[さかみち]。

⑪ 議長(ぎちょう)に[い]任(にん)する。

⑫ 石を（あつめる）。

⑬ 本の[だいめい]。

⑭ 歩き（はじめる）。

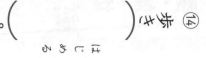

答えは90ページ

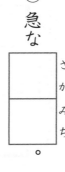

LESSON 13

漢字を読もう　泳・温・漢・決・湖・港

正かい12問中　合かく10問　問　月　日

① プールで泳ぐ。［　　］

② 水泳教室に通う。［　　］

③ 温かい飲み(の)もの。［　　］

④ プールの水温をはかる。［　　］

⑤ 和語と漢語。［　　］

⑥ 漢方薬(やく)をためす。［　　］

⑦ 決まりを守(まも)る。［　　］

⑧ 決算ほうこくをする。［　　］

⑨ 美(うつく)しい山と湖。［　　］

⑩ 湖上の月をえがく。［　　］

⑪ 船が港から出ていく。［　　］

⑫ 三時に出港する。［　　］

チェックポイント

「氵」（さんずい）は、水や液体(えきたい)を表(あらわ)します。

「泳」の右の部分(ぶぶん)は、「氷」ではなく、「永」です。

答えは90ページ

LESSON 14

漢字を書こう

月　日

正かい 14問中 ／ 問 合かく 11問

① 考えが（きまる）。

② □□（たいおん）をはかる。

③ □□（けっしん）がにぶる。

④ 海で（およぐ）。

⑤ 羽田（はねだ）□□（くうこう）。

⑥ 手を（あたためる）。

⑦ □□（えんえい）大会。

⑧ □（みずうみ）をわたる風。

⑨ □□□（かんすうじ）。

⑩ 美（うつく）しい□□（こめん）。

⑪ 神戸は□□（みなとまち）だ。

⑫ □□（かんぶん）を読む。

⑬ 雨天□□（けっこう）だ。

⑭ □□（おんしつ）の植物（しょくぶつ）。

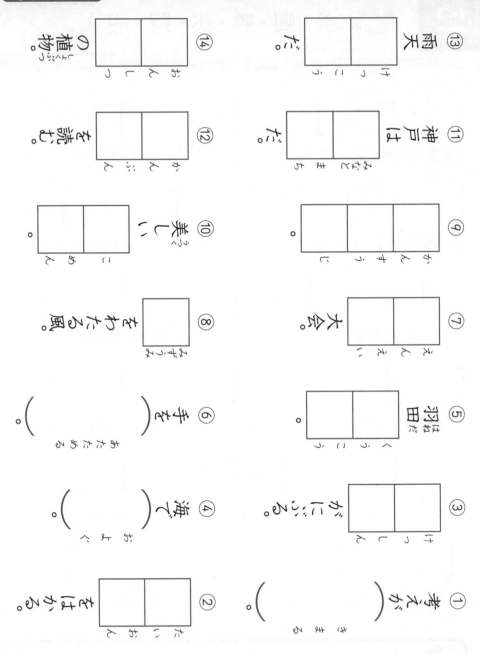

答えは90ページ

漢字を読もう　消・深・注・湯・波・油

正かい　問／12問中　合かく10問　月　日

① ろうそくの火を消す。［　　　］

② 赤い消防自動車(ぼうじどうしゃ)。［　　　］

③ 海の深さ。［　　　］

④ 水深をはかる。［　　　］

⑤ 雨がふり注ぐ。［　　　］

⑥ みんなの注目をあびる。［　　　］

⑦ お湯をわかす。［　　　］

⑩ 銭(せん)湯へ出かける。［　　　］

⑨ 波乗りをして遊(あそ)ぶ。［　　　］

⑩ 音波がつたわる。［　　　］

⑪ あの二人は水と油だ。［　　　］

⑫ 石油を輸入(ゆにゅう)する。［　　　］

チェックポイント

「消」の右の部分(ぶぶん)の筆順(ひつじゅん)は、「氵→氵→氵→氵→消→消→消」です。

「油」の右の部分は、「田」ではなく、「由」です。

答えは90ページ

LESSON 16

漢字を書こう

月　日

正かい 14問中 ＿問 合かく 11問

①（なみかぜ）□□が立つ。

②（しょうか）□□器（き）をおく。

③ 塩（しお）としょう（ゆ）□。

④ 友情（ゆうじょう）を（ふかめる）。

⑤ 字を（けす）。

⑥（しんかい）□□の魚。

⑦（あぶらえ）□□をかく。

⑧（ふかい）池。

⑨ 水を（そそぐ）。

⑩（でんぱ）□□を出す。

⑪（ゆ）□をわかす。

⑫ 色が（きえる）。

⑬ 店に（ちゅうもん）□□する。

⑭ 熱（ねっ）（とう）□をかける。

答えは90ページ

LESSON 17

漢字を読もう 洋・流・氷・詩・談・調

正かい 12問中 ＿問 合かく 10問

月　日

① 東洋の歴史を学ぶ。 [　　　　]

② 大西洋をわたる。 [　　　　]

③ 川が流れている。 [　　　　]

④ 流行おくれの服（ふく）。 [　　　　]

⑤ 池に氷がはる。 [　　　　]

⑥ 氷山がうかぶ。 [　　　　]

⑦ ロマンチックな詩。 [　　　　]

⑧ みんなで詩集を作る。 [　　　　]

⑨ 友だちと相（そう）談する。 [　　　　]

⑩ 談話を発表（はっぴょう）する。 [　　　　]

⑪ 百科事典（じてん）で調べる。 [　　　　]

⑫ 体調がすぐれない。 [　　　　]

チェックポイント

「洋」は「氵」（さんずい）が意味（いみ）を、「羊」が読みを表（あらわ）しています。

「言」（ごんべん）は、言葉（ことば）に関係（かんけい）があることを表します。

答えは90ページ

LESSON 18

漢字を書こう

正かい 14問中 　合かく 11問 　月 日

① 川の［じょうりゅう］。

② ［えんよう］漁業（ぎょぎょう）。

③ かき［ごおり］を作る。

④ 有名（ゆうめい）な［しじん］。

⑤ （ながれ）星を見る。

⑥ 首脳（しゅのう）［かいだん］。

⑦ ［せいよう］の国。

⑧ 感動的（かんどうてき）な［し］。

⑨ ［ひょうてんか］の気温。

⑩ ［ちょうし］がいい。

⑪ 水に（ながす）。

⑫ 本で（しらべる）。

⑬ 親との［めんだん］。

⑭ ［りゅうひょう］を見る。

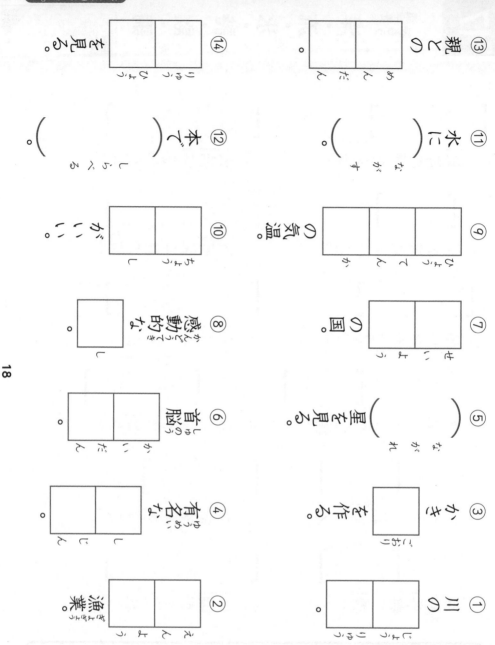

答えは90ページ

LESSON 19

まとめテスト ①

正かい 18問中 ___問　合かく 15問　___月___日

1 次の——線の読み方を書きましょう。

① 次の［　　］日には 毛皮［　　］の コートを 着(き)た。

② 温水［　　］プールで 泳［　　］ぐ。

③ 美(うつく)しい 皿［　　］を 手に 入れて 鼻［　　］が 高い。

④ 血［　　］を はくような つらい 気持(きも)ちで 決心［　　］した。

2 次の漢字を書きましょう。

① 船は［みなと］から［たいよう］に乗り出した。

② 熱(ねっ)［とう］をカップに（そそぐ）。

③［きょねん］とくらべると、［しんちょう］がのびた。

④ あの魚は、この［みずうみ］の［ぬし］だ。

⑤ 節分(せつぶん)に［まめ］を食べる理由(りゆう)を（しらべた）。

答えは90ページ

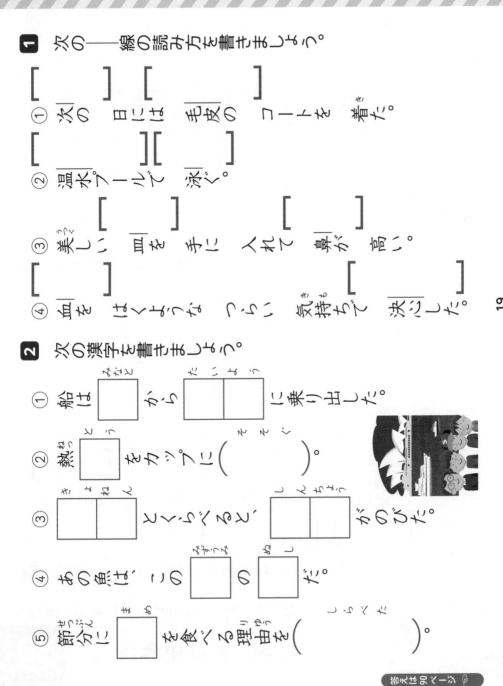

LESSON 20

まとめテスト ②

正かい 18問中 合かく15問　問　月　日

1 次の──線の読み方を書きましょう。

① まちがえて 書いた 漢字を［　　］消す。［　　］

② 歯が［　　］いたいので、歯科医に［　　］みて もらった。

③ たくさんの 委員と［　　］面談した。［　　］

④ 詩の［　　］主題を［　　］読み取る。

2 次の漢字を書きましょう。

① 人々が、広場の□□（ちゅうおう）に（　　　）（あつまる）。

② その□□（さかみち）は、（　　　）（ふかい）森へとつづいていた。

③ チームが連勝の□（なみ）に（　　　）（のる）。

④ □□（ひょうざん）が海の上をゆっくりと（　　　）（ながれる）。

⑤ □（あぶら）を入れて、フライパンを温め（　　　）（はじめる）。

答えは90ページ

LESSON 21

漢字を読もう 対・州・帳・式・所・列

正かい 12問中 問　合かく 10問　月　日

① 君(きみ)の意見(いけん)には反対(はんたい)だ。 [　　]

② 親子の対面。 [　　]

③ 本州から出る。 [　　]

④ テキサス州を旅行(りょこう)する。 [　　]

⑤ 売上台帳をつける。 [　　]

⑥ 帳面に字を書く。 [　　]

⑦ 入学式が行われる。 [　　]

⑧ 正式に決まる。 [　　]

⑨ 所せましとならべる。 [　　]

⑩ 近所に住(す)む。 [　　]

⑪ 行列を作る。 [　　]

⑫ 日本列島の地図。 [　　]

チェックポイント

「式」の筆順(ひつじゅん)は、「一→二→亍→⼯→式→式」です。

「列」の部首「刂」(りっとう)は、切ることや刀に関係(かんけい)があることを表(あらわ)します。

答えは91ページ

LESSON 22

漢字を書こう

正かい 14問中 ＿問 合かく 11問

月　日

① アメリカの□（しゅう）。

② □□（だいどころ）に入る。

③ □（れつ）にならぶ。

④ 預金（よきん）□□（つうちょう）。

⑤ 新しい□□（けいしき）。

⑥ 意見（いけん）の□□（たいりつ）。

⑦ □□（こうしょ）の作業（さぎょう）。

⑧ □（ちょう）じりを合わせる。

⑨ □□（たいけつ）のとき。

⑩ □□（きゅうしゅう）に住（す）む。

⑪ □□（しきじょう）に入る。

⑫ □□（れっしゃ）が走る。

⑬ □□（ちょうしょ）をのばす。

⑭ 兄の□□□（にっきちょう）。

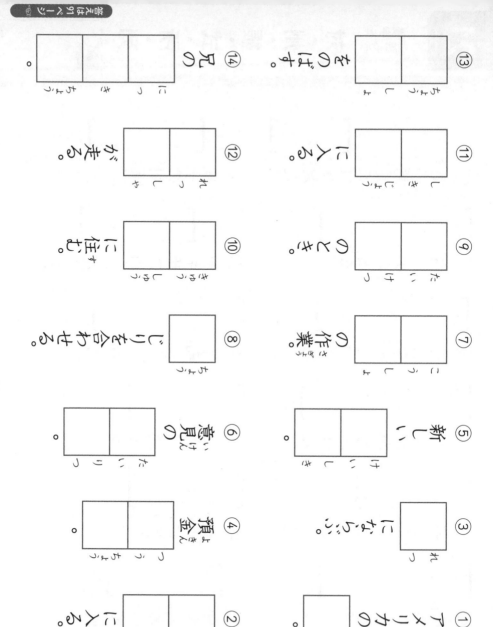

答えは91ページ

LESSON 23

漢字を読もう　指・持・拾・打・投・球

正かい　12問中　　問　合かく10問

月　日

① 足の指でつまむ。［　　］

② 指名手配(てはい)の犯人(はんにん)。［　　］

③ 遠足の持ち物(もの)。［　　］

④ 弁当(べんとう)を持参(さん)する。［　　］

⑤ 拾い読みをする。［　　］

⑥ 道で石を拾う。［　　］

⑦ ヒットを打つ。［　　］

⑧ 次は四番打者(しゃ)だ。［　　］

⑨ ボールを投げる。［　　］

⑩ すばらしい投球フォーム。［　　］

⑪ 君(きみ)の球はとても速(はや)い。［　　］

⑫ 地球は美(うつく)しい。［　　］

チェックポイント

「扌」（てへん）は、手に関(かん)係(けい)があることを表(あらわ)します。

「球」の部首(ぶしゅ)は「王」（おうへん）です。

答えは91ページ

LESSON 24

漢字を書こう

月　日

正かい 14問中　問　合かく 11問

① おそい□(たま)。

② 南を（さす）。

③ 手で（もつ）。

④ □(ゆび)切りをする。

⑤ お金を（ひろう）。

⑥ うでを□□(きょうだ)した。

⑦ （ひろい）物(もの)。

⑧ 石を（なげる）。

⑨ くぎを（うつ）。

⑩ 授業(じゅぎょう)で□(じ)久走(きゅうそう)がある。

⑪ □□(やきゅう)の選手(せんしゅ)。

⑫ □□(とうしょ)をする。

⑬ 知能(ちのう)□□(しすう)。

⑭ □□(だきゅう)がとぶ。

答えは91ページ

LESSON 25

漢字を読もう 員・君・向・号・商・品

正かい　　問／12問中　合かく10問　月　日

① 社長と社員。 [　　]

② 会員になる。 [　　]

③ 君のとなりの家。 [　　]

④ りっぱな君主だ。 [　　]

⑤ 小学生向きの本。 [　　]

⑥ 風向を調べる。 [　　]

⑦ 新聞社が号外を出す。 [　　]

⑧ 番号をつける。 [　　]

⑨ 商売にはげむ。 [　　]

⑩ 商社につとめている父。 [　　]

⑪ よい品物(もの)をえらぶ。 [　　]

⑫ すばらしい作品。 [　　]

チェックポイント

「員」「君」「向」「号」「商」「品」の部首(ぶしゅ)は、「口」(くち)です。

「員」は「貝」と形がにているので、注意(ちゅうい)がひつようです。

答えは91ページ

LESSON 26

漢字を書こう

月　日

正かい 14問中　　問

合かく 11問

① 〔しな〕切れだ。

② 〔きみ〕とぼく。

③ れきしの〔ねんごう〕。

④ 〔しょうてん〕街（がい）を通る。

⑤ 〔しゅくん〕に仕（つか）える。

⑥ 顔を（むける）。

⑦ 〔しょうにん〕から買う。

⑧ 〔きごう〕を書く。

⑨ 父は〔きょういん〕だ。

⑩ 〔ひんこう〕がよい。

⑪ 東の〔ほうこう〕。

⑫ 〔いいんかい〕。

⑬ 〔しょうひん〕を売る。

⑭ 西に（むかう）。

答えは91ページ

LESSON 27 漢字を読もう 命・問・和・味・幸・平

正かい　12問中　問　合かく10問　月　日

①新しい命が生まれる。［　　］

②人命救助（きゅうじょ）。［　　］

③問い合わせる。［　　］

④問答をかわす。［　　］

⑤和紙に字を書く。［　　］

⑥和歌をよむ。［　　］

⑦味がいい料理（りょうり）。［　　］

⑧母はわたしの味方だ。［　　］

⑨小さな幸せ。［　　］

⑩幸運（うん）をもたらす。［　　］

⑪平らな場所。［　　］

⑫地平が見える。［　　］

⑤⑥の「和」はなごむ，おだやか，なかよくする，日本のものという意味があるよ。

チェックポイント

「命」「問」「和」「味」の部首（ぶしゅ）は、「口」（くち）です。

「幸」は、横画（よこかく）の長さに注意（ちゅうい）します。

〈幸〉

答えは91ページ

LESSON 28 漢字を書こう

正かい14問中　合かく11問　問　月　日

① □（いのち）を大切に。

② □□（がくもん）の自由（じゆう）。

③ □□□（すいへいせん）。

④ □□（わしつ）を作る。

⑤ （　）（とい）ただす。

⑥ 不（ふ）□（こう）になる。

⑦ □□（せいめい）ほけん。

⑧ □□（あじみ）をする。

⑨ □□（わふう）の食事（しょくじ）。

⑩ （　）（たいら）な所。

⑪ （　）（しあわせ）な人。

⑫ □□（じみ）な色。

⑬ （　）（さいわい）です。

⑭ （　）（ひらたい）石。

答えは91ページ

LESSON 29

漢字を読もう 安・寒・客・宮・実・守

正かい　　問／12問中　合かく10問

月　日

① ねだんが安い。［　　］

② 安心してすごす。［　　］

③ 外はとても寒い。［　　］

④ 寒天を食べる。［　　］

⑤ お客さんと話す。［　　］

⑥ 急（きゅう）な来客にあわてる。［　　］

⑦ お宮の前を通る。［　　］

⑧ 宮中の行事（ぎょうじ）。［　　］

⑨ りんごの実がなる。［　　］

⑩ 実直な人がら。［　　］

⑪ 守りをかためる。［　　］

⑫ 入口に守衛（えい）がいる。［　　］

チェックポイント

「宀」（うかんむり）は、家に関係（かんけい）があることを表（あらわ）します。

「守」には、「ス」という音読みもあります。
例…留守番（るすばん）をする。

答えは91ページ

LESSON 30

漢字を書こう

月　日

正かい 14問中 合かく 11問　問

① 木の□(み)をとる。

③ (やすらか)な顔。

⑤ (さむい)冬。

⑦ ホテルの□□(きゃくしつ)。

⑨ □□(きゃくじん)に会う。

⑪ お□(みや)へまいる。

⑬ くりが(みのる)。

② □□(かんちゅう)水泳。

④ □□(じつめい)を知る。

⑥ □□(おうきゅう)に入る。

⑧ (まもり)神(がみ)。

⑩ □□(あんらく)な生活。

⑫ □(しゅ)備(び)につく。

⑭ 心が(やすらぐ)。

答えは別ページ

LESSON 31

漢字を読もう 宿・定・級・終・緑・練

正かい 12問中 問　合かく 10問　月　日

① 木に小鳥が宿る。 [　　]

② 宿題をすませる。 [　　]

③ ねらいが定まる。 [　　]

④ 場所を指定する。 [　　]

⑤ 案（あん）の定、始まった。 [　　]

⑥ 同級生が集まる。 [　　]

⑦ 始めと終わり。 [　　]

⑧ バスの終点でおりる。 [　　]

⑨ 緑色のかばん。 [　　]

⑩ 緑茶を入れる。 [　　]

⑪ 計画を練る。 [　　]

⑫ 練習（しゅう）をくり返（かえ）す。 [　　]

チェックポイント

「糸」（いとへん）は、糸や織物（おりもの）に関係（かんけい）があることを表（あらわ）します。

「級」の右側（みぎがわ）は、「ノ→乃→及」と、三画で書きます。

答えは91ページ

LESSON 32

漢字を書こう

月　日

正かい 14問中　問　合かく 11問

① 白と□(みどり)。

② □□(がっしゅく)が始まる。

③ 話が(おわる)。

④ □□□(ていきゅうび)。

⑤ 雨(やどり)をする。

⑥ □□□(かきゅうせい)。

⑦ 案(あん)を(ねる)。

⑧ □□(こうきゅう)なメロン。

⑨ 美(うつく)しい□□(しんりょく)。

⑩ 天の(さだめ)。

⑪ ひなん訓(くん)□(れん)。

⑫ □□(しゅうでん)で帰る。

⑬ 三角□(じょう)規(ぎ)。

⑭ 道を(ねり)歩く。

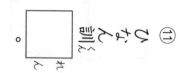

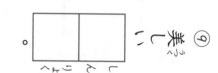

答えは71ページ

LESSON 33

まとめテスト ③

正かい 18問中 ＿問　合かく 15問　＿月＿日

1 次の――線の読み方を書きましょう。

① お客［　　］さんは　上品［　　］な　人だ。

② 商店［　　］の　前に　列［　　］が　できた。

③ 君主［　　］は　いつも　王宮［　　］で　くらして　いる。

④ 子どもの　問［　　］いかけに　心を　打［　　］たれた。

2 次の漢字を書きましょう。

① 卒業（そつぎょう）□（しき）は、もうすぐ（おわる）。

② （しあわせ）な時間を（あじわう）。

③ □□（けってい）したことを□□（てちょう）に書く。

④ （さむい）ときでも□□（へいき）だ。

⑤ みんなの□（いのち）を（まもる）。

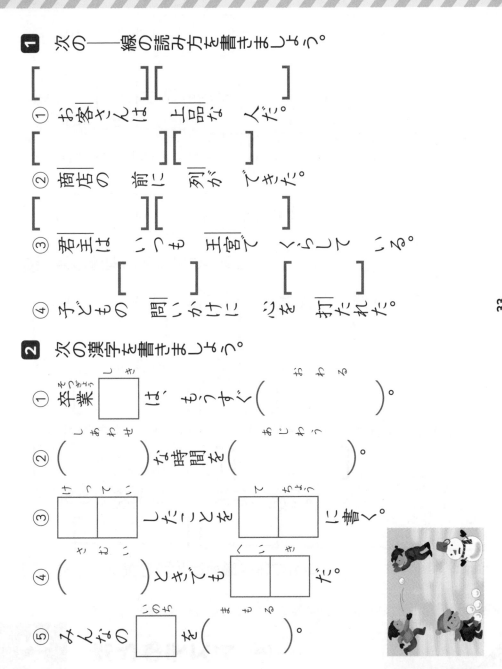

答えは91ページ

LESSON 34

まとめテスト ④

正かい 18問中　合かく 15問　　問　　月　日

1 次の――線の読み方を書きましょう。

① あの投手の［　　］球は、［　　］速い［　　］。（はや）

② 北九州［　　］でかつて下宿生活［　　］をしていた。

③ この場所［　　］で練習［　　］しよう。（しゅう）

④ 学級［　　］の中で、はげしい対立［　　］が生まれる。

2 次の漢字を書きましょう。

① □□（みどりいろ）で□□（きごう）が書かれていた。

② 落（お）ちているごみを□（ゆび）で（　　　）（ひろう）。

③ □□（ちょうわ）した考えを（　　　）（もつ）。

④ ぎじゅつが□□（こうじょう）し、□□（じつりょく）がつく。

⑤ 何人も□□（いいん）がいるので、□□（あんしん）だ。

答えは92ページ

LESSON 35

漢字を読もう 係・仕・使・住・他・代

正かい　　問／12問中　合かく10問

月　日

① 学級の係を決める。［　　］

② 関係(かん)がある。［　　］

③ 主人に仕える。［　　］

④ 仕組みを考える。［　　］

⑤ はさみを使う。［　　］

⑥ ボールを使用する。［　　］

⑦ 町に住む人。［　　］

⑧ 新しい住所。［　　］

⑨ 他の本も読む。［　　］

⑩ 他国から見た日本。［　　］

⑪ 母の代わりに行く。［　　］

⑫ 代用品を使う。［　　］

チェックポイント

「亻」（にんべん）は、人の様子(ようす)などに関係があることを表(あらわ)します。

「仕」の右の部分(ぶぶん)は、「土」ではなく、「士」です。

答えは92ページ

LESSON 36

漢字を書こう

正かい14問中　合かく11問　問

月　日

① [だいきん]をはらう。

② 神(かみ)に[つか]える。

③ 給食(きゅうしょく)[がかり]になる。

④ [し]入れのねだん。

⑤ 関(かん)[けい]づける。

⑥ 父の（かわり）。

⑦ となりに（すむ）。

⑧ [たりき]本願(ほんがん)。

⑨ この家の[じゅうにん]。

⑩ （つかい）方。

⑪ [てんし]の羽。

⑫ [ほか]の方法(ほうほう)。

⑬ [しめい]をはたす。

⑭ [こだい]の生物(せいぶつ)。

⑨の「じゅうにん」はすんでいる人のことだよ。

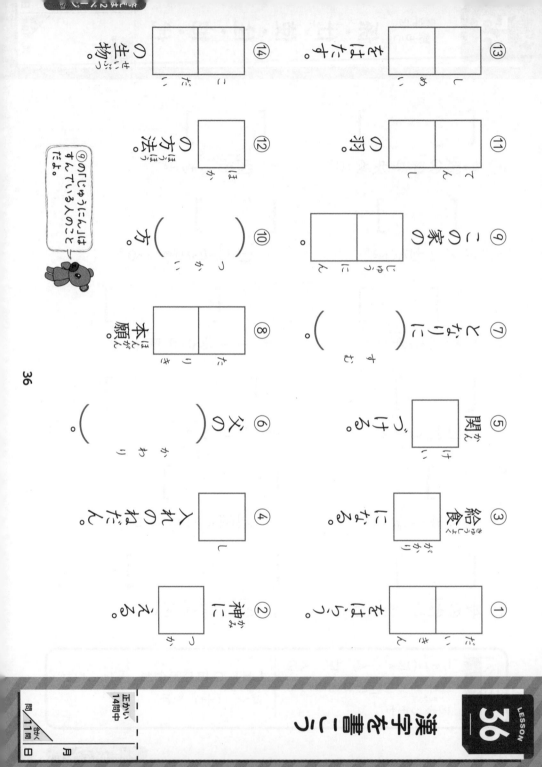

漢字を読もう 倍・荷・苦・薬・葉・落

正かい 12問中 問 合かく 10問

月 日

① 四は二の倍数だ。 [　　　　]

② かたの荷が下りる。 [　　　　]

③ トラックの荷台。 [　　　　]

④ 息(いき)が苦しい。 [　　　　]

⑤ このお茶は苦い。 [　　　　]

⑥ 苦楽をともにする。 [　　　　]

⑦ 食後に薬を飲(の)む。 [　　　　]

⑧ 薬品をまぜる。 [　　　　]

⑨ 木の葉がゆれる。 [　　　　]

⑩ 紅(こう)葉が美(うつく)しい。 [　　　　]

⑪ さいふを落とした。 [　　　　]

⑫ 落馬してけがをする。 [　　　　]

チェックポイント

「艹」(くさかんむり)は、草花に関係(かんけい)があることを表(あらわ)します。

「薬」の◯の部分(ぶぶん)の向きに注意(ちゅうい)します。

答えは92ページ

LESSON 38

漢字を書こう

月　日

正かい 14問中　問　合かく 11問

① 実が（おちる）。

② □□（くしん）する。

③ □（に）作りをする。

④ □□（さんぱい）の長さ。

⑤ □（くすり）屋（や）へ行く。

⑥ 先生の□□（ことば）。

⑦ 息（いき）が（くるしい）。

⑧ 空からの□□（らっか）。

⑨ 人口が□（ばい）増（ぞう）する。

⑩ □（よう）脈（みゃく）のかんさつ。

⑪ □□（かやく）を作る。

⑫ □（に）が重（おも）い。

⑬ □□（らくよう）のきせつ。

⑭ （にがい）味。

答えは[illegible]2ページ

LESSON 39

漢字を読もう 横・橋・根・植・柱・板

正かい 12問中 ＿問 合かく10問

＿月＿日

① 横顔をえがく。［　　］

② 車が横転(てん)する。［　　］

③ 川に橋をかける。［　　］

④ 歩道橋をわたる。［　　］

⑤ 草の根がのびる。［　　］

⑥ 花の球根。［　　］

⑦ 木を植える。［　　］

⑧ 植民(みん)地にする。［　　］

⑨ 太い柱を立てる。［　　］

⑩ 円柱の形の入れ物(もの)。［　　］

⑪ まな板をあらう。［　　］

⑫ 先生が板書をする。［　　］

チェックポイント

「木」(きへん)は、木のしゅるい、木からできたものなどを表(あらわ)します。

「根」の右の部分(ぶぶん)は、「良」ではなく、「艮」です。

答えは92ページ

LESSON 40

漢字を書こう

月　日

正かい　14問中　問　合かく11問

① □（いた）をけずる。

② チームの□（はしら）。

③ □□（だいこん）を買う。

④ □（しょく）物（ぶつ）が育（そだ）つ。

⑤ □（よこ）を見る。

⑥ 鉄（てっ）□（きょう）を通る。

⑦ □□（でんちゅう）が立つ。

⑧ 木の□（ね）。

⑨ つり□（ばし）をわたる。

⑩ □（おう）断（だん）歩道。

⑪ 田（　　）（うえ）をする。

⑫ □□（こくばん）の字。

⑬ □□（こんき）がある人。

⑭ □□（ちゃばしら）が立つ。

答えは92ページ

漢字を読もう　様・第・笛・等・箱・筆

正かい12問中　問　合かく10問　月　日

① 王様のかんむり。［　　］

② 君と同様の考えだ。［　　］

③ 第一歩をふみ出す。［　　］

④ テストに落第する。［　　］

⑤ 口笛をふく。［　　］

⑥ パトカーのけい笛。［　　］

⑦ 等しい長さ。［　　］

⑧ 平等に分ける。［　　］

⑨ 道具（どうぐ）を箱に入れる。［　　］

⑩ 重箱（じゅう）に料理（りょうり）をつめる。［　　］

⑪ 筆で字を書く。［　　］

⑫ 正確（せいかく）に筆記する。［　　］

チェックポイント

「⺮」（たけかんむり）は、竹に関係（かんけい）があることを表（あらわ）します。

「笛」の下の部分（ぶぶん）は、「田」ではなく「由」です。

答えは92ページ

LESSON 42

漢字を書こう

正かい 14問中 合かく 11問 　問

月　日

① 神(かみ)［さま］にいのる。

② ［ふで］を買う。

③ 紙の［はこ］。

④ ［ひっさん］をする。

⑤ けんこう［だいいち］。

⑥ 長さが（ひとしい）。

⑦ たて［ぶえ］をふく。

⑧ ［いっとう］賞(しょう)。

⑨ 生活［ようしき］。

⑩ 船の［きてき］。

⑪ ［だいいちじ］産業(さんぎょう)。

⑫ 新しい［ふでばこ］。

⑬ ［たよう］な意見(いけん)。

⑭ ［じひつ］の署名(しょめい)。

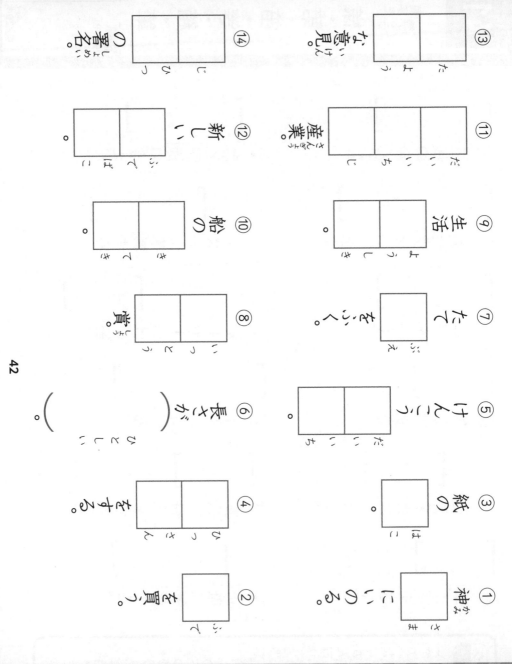

答えは92ページ

LESSON 43

漢字を読もう　運・進・送・速・追・返

正かい　12問中　合かく10問　問

月　日

① コンテナを運ぶ。［　　］

② バスが運休する。［　　］

③ 時計が進む。［　　］

④ 海外へ進出する。［　　］

⑤ 妹を駅（えき）まで送る。［　　］

⑥ 回送電車。［　　］

⑦ 川の流れが速い。［　　］

⑧ 時速五十キロで走る。［　　］

⑨ 犬を追いかける。［　　］

⑩ 追加（か）をたのむ。［　　］

⑪ かりた本を返す。［　　］

⑫ まだ、返答がない。［　　］

チェックポイント

「辶」（しんにょう・しんにゅう）は、道に関係（かんけい）があることを表（あらわ）します。

「辶」は、「丶→㇋→辶」と三画で、字の最後（さいご）に書きます。

答えは92ページ

LESSON 44 漢字を書こう

月　日

正かい14問中　合かく11問　問

① □□（うんめい）の人。

② 車の（はやさ）。

③ □□（うんそう）会社。

④ □□（こうしん）をする。

⑤ 本を読み（かえす）。

⑥ □□（こうそく）道路（どうろ）。

⑦ 悪人（あくにん）の□（つい）放（ほう）。

⑧ 荷物（にもつ）を（はこぶ）。

⑨ 話を（すすめる）。

⑩ □□（へんきん）する。

⑪ 快（かい）□（そく）電車。

⑫ （おくり）がな。

⑬ あとを（おう）。

⑭ 手紙の□□（へんそう）。

答えは92ページ

LESSON 45

漢字を読もう　遊・取・受・反・軽・転

正かい 12問中　問　合かく10問　月　日

① 外で元気に遊ぶ。［　　］

② サケは、回遊魚だ。［　　］

③ メモを取る。［　　］

④ 一点を先取する。［　　］

⑤ テストを受ける。［　　］

⑥ 受験勉強にはげむ。［　　］

⑦ 体を反りかえらせる。［　　］

⑧ 作用と反作用。［　　］

⑨ 身が軽い。［　　］

⑩ 軽快なリズム。［　　］

⑪ つまずいて転ぶ。［　　］

⑫ 転校してきた子。［　　］

チェックポイント

「取」「受」「反」の部首は、「又」(また)で、手に関係があることを表します。

「取」の左の部分に注意します。

取　つき出さない

答えは92ページ

LESSON 46 漢字を書こう

正かい　14問中　合かく11問　問　月　日

① 百点を（とる）。

② □□（はんたい）の意見（いけん）。

③ 荷物（にもつ）が（かるい）。

④ □□□（ゆうえんち）。

⑤ 玉が□□（かいてん）する。

⑥ □□（じゅり）される。

⑦ 球を（うける）。

⑧ 石を（ころがす）。

⑨ テレビの□（しゅ）材（ざい）。

⑩ 水（あそび）。

⑪ □□（けいしょく）をとる。

⑫ 表紙（ひょうし）が（そる）。

⑬ しけんに（うかる）。

⑭ 体を□□（はんてん）する。

答えは93ページ

LESSON 47

漢字を読もう 助・勝・動・勉・飲・館

正かい 12問中 ＿問 合かく10問

＿月＿日

① 多くの人を助ける。［　　］

② 不安(ふあん)を助長する。［　　］

③ 試合(しあい)に勝つ。［　　］

④ 決勝戦(せん)に出場する。［　　］

⑤ ロボットを動かす。［　　］

⑥ 運動場で走る。［　　］

⑦ かれは、勉強家だ。［　　］

⑧ 勉学にはげむ。［　　］

⑨ 水を飲む。［　　］

⑩ 飲食は禁止(きんし)だ。［　　］

⑪ 大きな館に入る。［　　］

⑫ 図書館で本をかりる。［　　］

チェックポイント

「助」「勝」「動」「勉」の部(ぶ)首(しゅ)は、「力」(ちから)です。

「勝」の十画目に注意(ちゅうい)しましょう。

ここから書く

勝

答えは93ページ

LESSON 48

漢字を書こう

正かい 14問中　合かく 11問　問　月　日

① ［こうどう］する。

② （かち）進む。

③ ［いんようすい］。

④ （たすけ）合う。

⑤ 勤(きん)［べん］な人。

⑥ （のみ）ものを取る。

⑦ ［かんない］に入る。

⑧ ［じょりょく］をえる。

⑨ ［しょうさん］がある。

⑩ 物(もの)を（うごかす）。

⑪ ［べんがく］にはげむ。

⑫ 古い［やかた］。

⑬ ［じょしゅ］になる。

⑭ ［じどうしゃ］。

答えは93ページ

LESSON 49 まとめテスト⑤

正かい　18問中　問　合かく15問　月　日

1 次の――線の読み方を書きましょう。

① この荷物（もつ）は［　］とても軽い。［　］

② 代理人に［　］手紙を［　］送る。［　］

③ こまが回転する［　］様子を［　］観察（かんさつ）する。［　］

④ 橋の［　］そばで汽笛を［　］聞く。

④の「汽笛」とは
じょう気でならす
笛のことだよ。

2 次の漢字を書きましょう。

① この□（くすり）は、とても（にがい）。

② □（はこ）のふたに□□（もうひつ）で名前を書く。

③ （うごき）がとても（はやい）。

④ □□（べんきょう）するために参考書（さんこう）を（つかう）。

⑤ 木の□（は）を川に流して（あそぶ）。

答えは93ページ

LESSON 50

まとめテスト ⑥

正かい 18問中　合かく15問　問　月　日

1 つぎの——線の読み方を書きましょう。

① 木の根を、採取する。［　］［　］

② 平等に　みんなで　仕事を　分け合う。［　］［　］［　］

③ 先生から　助言を　受ける。［　］［　］［　］

④ わたしの　住む　町では、植林が　さかんだ。［　］［　］

2 つぎの漢字を書きましょう。

① □□(しだい)に物事は（すすむ）だろう。

② 予測に□(はん)して、試合に（かった）。

③ □□(たにん)からかりた物を（かえす）。

④ □□(こくばん)の□(よこ)に、たながある。

⑤ いつもの□□(にばい)ほどの水を（のむ）。

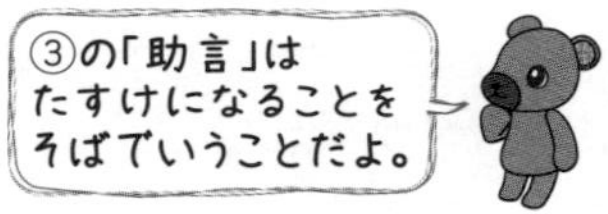

③の「助言」は
たすけになることを
そばでいうことだよ。

答えは93ページ

漢字を読もう　悪・意・感・急・想・息

正かい12問中　合かく10問　問　月　日

① 悪い人をつかまえる。［　　］

② あの人は悪人だ。［　　］

③ 言葉の意味を調べる。［　　］

④ 強く決意する。［　　］

⑤ 物語(ものがたり)に感動する。［　　］

⑥ 感心な行いだ。［　　］

⑦ 急ぎの用で出かける。［　　］

⑧ 急行列車。［　　］

⑨ 理想の社会。［　　］

⑩ むかしを回想する。［　　］

⑪ 息をはずませる。［　　］

⑫ 休息をとる。［　　］

チェックポイント

部首の「心」（こころ）は、心のはたらきに関係(かんけい)があることを表(あらわ)します。

「感」の「咸」の筆順(ひつじゅん)は、「丿→厂→厂→厂→后→后→咸→咸→咸」です。

答えは93ページ

LESSON 52

漢字を書こう

正かい 14問中　合かく 11問　問　月　日

① □□（いじ）をはる。

② □□（たいかん）温度（おんど）。

③ □□（きゅうよう）がある。

④ 新しい□□（しそう）。

⑤ せいせきが（わるい）。

⑥ （いそぎ）足。

⑦ ひと□（いき）つく。

⑧ □□（かんそう）をのべる。

⑨ 友人の□□（いけん）。

⑩ □□（あくうん）が強い。

⑪ 駅（えき）に（いそぐ）。

⑫ □□（じっかん）がわく。

⑬ □□（しょうそく）をたつ。

⑭ （わるさ）をする。

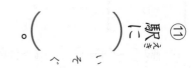

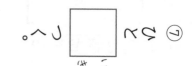

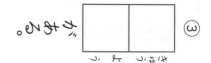

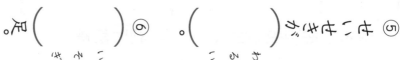

答えは93ページ

LESSON 53

漢字を読もう 悲・界・申・畑・由・重

正かい 12問中 ＿問 合かく 10問 ＿月＿日

① 悲しい知らせ。 [　　]

② 悲鳴をあげる。 [　　]

③ 下界を見下ろす。 [　　]

④ 父が他界する。 [　　]

⑤ 申しわけありません。 [　　]

⑥ 畑をたがやす。 [　　]

⑦ 畑作をする。 [　　]

⑧ 名前の由来。 [　　]

⑨ 理由をたずねる。 [　　]

⑩ 重い物(もの)を持ち上げる。 [　　]

⑪ 重大なこと。 [　　]

⑫ 三重県(けん)に行く。 [　　]

チェックポイント

「界」「申」「畑」「由」の部首(ぶしゅ)は、「田」(た)です。「畑」は「火」(ひへん)ではありません。

「重」の筆順(ひつじゅん)は、「ノ→ニ→千→肀→肀→盲→亘→重→重」です。

答えは93ページ

LESSON 54

漢字を書こう

正かい 14問中 合かく 11問　問　月　日

① 境(きょう)［かい］線を引く。

② ［たはた］を売る。

③ ［たいじゅう］をはかる。

④ 死(し)を（かなしむ）。

⑤ 紙を（かさねる）。

⑥ ［じゆう］時間。

⑦ 深い（かなしみ）。

⑧ 頭が（おもい）。

⑨ ［はなばたけ］で遊ぶ。

⑩ ［しゃこうかい］。

⑪ （もうし）上げる。

⑫ ［ひ］劇(げき)をさける。

⑬ 貴(き)［ちょう］な本。

⑭ 駅(えき)を経(けい)［ゆ］する。

答えは93ページ

LESSON 55

漢字を読もう 世・丁・両・着・美・羊

正かい 12問中 問　合かく 10問　月　日

① 世に出てはたらく。［　　］

② 犬の世話。［　　］

③ 家は二丁目にある。［　　］

④ 両手を使う。［　　］

⑤ 仕事(しごと)と家庭(かてい)の両立。［　　］

⑥ コートを着る。［　　］

⑦ 席(せき)に着く。［　　］

⑧ 変化(へんか)に着目する。［　　］

⑨ 美しい声で歌う。［　　］

⑩ 姉はとても美人です。［　　］

⑪ 羊のむれ。［　　］

⑫ 羊皮のさいふ。［　　］

チェックポイント

「丁」は、ものを数えるときのたんいでも用いられます。
例(れい)…とうふを一丁買う。

「着」「美」「羊」の部首(ぶしゅ)は、「⺷」(ひつじ)です。

答えは93ページ

LESSON 56

漢字を書こう

月　日

正かい 14問中　問　合かく11問

① ラーメン［いっちょう］。

② ［にせ］い［］はいゆう。

③ ［びせい］の持ち主。

④ ［りょうほう］の手。

⑤ ［さんちょうめ］の店。

⑥ はかない［よ］の中。

⑦ ［りょうしん］に会う。

⑧ 空が（うつくしい）。

⑨ ［うわぎ］をはおる。

⑩ 牧（ぼく）［よう］犬。

⑪ 洋服（ようふく）を（きせる）。

⑫ ［せけん］知らず。

⑬ 気球の［ちゃくち］。

⑭ ［ひつじ］かいの少年。

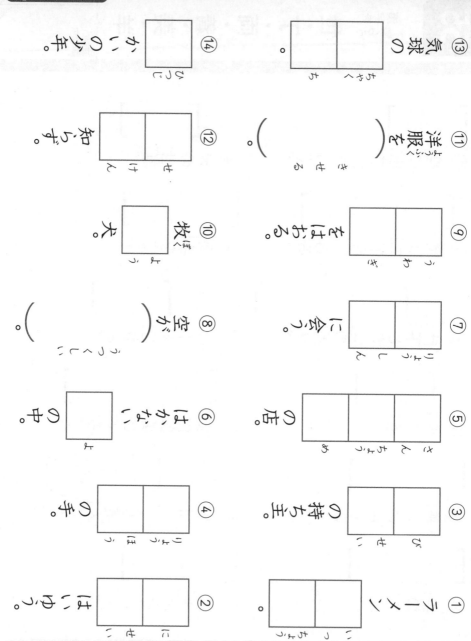

答えは93ページ

LESSON 57

漢字を読もう　院・階・陽・庫・庭・度

正かい　12問中　問　合かく10問　月　日

① 通院する。［　　］

② 大学院に進学する。［　　］

③ 五階だてのビル。［　　］

④ 階下に下りる。［　　］

⑤ 落陽をながめる。［　　］

⑥ 陽光のあたたかさ。［　　］

⑦ 商品が入庫する。［　　］

⑧ 車庫に車を入れる。［　　］

⑨ 庭をながめる。［　　］

⑩ 校庭に集まる。［　　］

⑪ 温度計ではかる。［　　］

⑫ するどい角度。［　　］

チェックポイント

「阝」（こざとへん）は、土地に関係（かんけい）があることを表（あらわ）します。

「阝」は、「⁊→ㇾ→阝」と、三画で書きます。

答えは93ページ

LESSON 58

漢字を書こう

正かい 14問中　　問　合かく 11問　　月　日

① 近くの[　][　](じいん)。

② [　][　](かいきゅう)制度(せいど)。

③ [　][　](ようき)な人。

④ [　][　](こうど)なぎじゅつ。

⑤ [　][　](きんこ)にしまう。

⑥ [　](ど)がすぎる。

⑦ ビルの[　][　](さんかい)。

⑧ [　][　](さんよう)新幹線(しんかんせん)。

⑨ 広い[　](にわ)。

⑩ [　][　](しょこ)の本。

⑪ [　][　](かてい)訪問(ほうもん)。

⑫ [　][　](にゅういん)する。

⑬ [　][　](にわいし)をおく。

⑭ [　][　](こんど)だけゆるす。

答えは94ページ

LESSON 59

漢字を読もう　県・真・相・銀・鉄・負

正かい12問中　問　合かく10問　月　日

① 近県の大きな工場。［　　］

② 県道を自動車で走る。［　　］

③ 真南に海が見える。［　　］

④ 真意を問いただす。［　　］

⑤ 相手の目を見る。［　　］

⑥ 人相が悪い。［　　］

⑦ 銀メダル。［　　］

⑧ 銀行につとめる。［　　］

⑨ 鉄でできた道具（どうぐ）。［　　］

⑩ 鉄橋を汽車が通る。［　　］

⑪ ゲームで負ける。［　　］

⑫ 自負心が強い。［　　］

チェックポイント

「銀」「鉄」の部首の「金」（かねへん）は、金属（きんぞく）に関係（かんけい）があることを表（あらわ）します。

⑪「負ける」と「勝つ」は反対語で、「勝負」という熟語（じゅくご）もあります。

答えは94ページ

LESSON 60

漢字を書こう

月　日

正かい 14問中　問　合かく 11問

① 弟を（まかす）。

② ［しんじつ］を語る。

③ ［あおもりけん］。

④ ［しょうぶ］する。

⑤ ［てっこうじょ］。

⑥ ［ぎんせかい］。

⑦ ［まごころ］をこめる。

⑧ ［てそう］をみる。

⑨ ［あい］性（しょう）がよい。

⑩ ［けん］と市をまたぐ。

⑪ ［ぎん］のスプーン。

⑫ ［ちかてつ］。

⑬ せきにんを（おう）。

⑭ ［ま］っ白になる。

答えは94ページ

LESSON 61

漢字を読もう　祭・神・福・礼・死・化

正かい12問中　問　合かく10問　月　日

① 祭り の準備（じゅんび）。［　　］

② 学園祭 が行われる。［　　］

③ 神 にいのる。［　　］

④ 風神 をえがいた絵画。［　　］

⑤ 福 の神があらわれる。［　　］

⑥ 福引 き券（けん）。［　　］

⑦ 朝礼 で先生が話す。［　　］

⑧ 深く一礼 する。［　　］

⑨ 生と死 の物語（ものがたり）。［　　］

⑩ 事故（じこ）で死人 が出る。［　　］

⑪ たぬきが化 ける。［　　］

⑫ 化石 をさがす。［　　］

チェックポイント

「ネ」（しめすへん）は、神様やお祭りに関係（かんけい）があることを表（あらわ）します。

⑨「生」と「死」は、反対語です。「生死」という熟語（じゅくご）もあります。

答えは94ページ

LESSON 62

漢字を書こう

正かい 14問中 ＿問 合かく 11問

月　日

① □□（かがく）反応（はんのう）。

② □（れい）を言う。

③ □□（せいし）のかくにん。

④ □（かみ）だのみをする。

⑤ 人を（ばかす）。

⑥ □（ふく）ぶくろ。

⑦ □□（さいじつ）に会う。

⑧ お□（れい）状（じょう）を書く。

⑨ （まつり）ばやし。

⑩ 祝（しゅく）□（ふく）する。

⑪ ギリシャ□□（しんわ）。

⑫ 人が（しぬ）。

⑬ 祖先（そせん）を（まつる）。

⑭ 高度な□□（ぶんか）。

答えは4ページ

LESSON 63

漢字を読もう　暑・昔・暗・昭・曲・秒

正かい　12問中　合かく10問　問　月　日

① 今年の夏は暑い。［　　］

② 暑気ばらい。［　　］

③ 昔のできごと。［　　］

④ 昔風のたて物（もの）。［　　］

⑤ 夜道は暗い。［　　］

⑥ 九九を暗記する。［　　］

⑦ 昭和四十年生まれ。［　　］

⑧ 次の角を曲がる。［　　］

⑨ 鉄の板を曲げる。［　　］

⑩ 曲線をえがく。［　　］

⑪ 秒読みをする。［　　］

⑫ 一秒で立ち上がる。［　　］

チェックポイント

「暑」「昔」の部首（ぶしゅ）は、「日」（ひ）、「暗」「昭」は、「日」（ひへん）です。

⑤「暗い」と「明るい」は反対語で、「明暗」という熟語（じゅくご）もあります。

答えは94ページ

LESSON 64

漢字を書こう

正かい 14問中 ＿問　合かく 11問　＿月＿日

① □（むかし）のまま。

② □（くら）やみ。

③ （あつい）一日。

④ □□（めいきょく）のえんそう。

⑤ □□（めいあん）を分ける。

⑥ 分と□（びょう）。

⑦ （まがり）角。

⑧ □□（おおむかし）の話。

⑨ □□（びょうそく）四メートル。

⑩ □□（しょちゅう）見まい。

⑪ □□（しょうわ）の日本。

⑫ 夏の（あつさ）。

⑬ （くらい）部屋（へや）。

⑭ □□（さっきょく）する。

答えは94ページ

LESSON 65

まとめテスト ⑦

正かい18問中 問 合かく15問

月 日

1 次の――線の読み方を書きましょう。

① 悪意［　　］ある 行動を 目に するのは、悲［　　］しい。

② 世界［　　］の 人々の 幸福［　　］を ねがう。

③ がんばって 急［　　］な 階段［　　］を 上ろう。

④ この 鉄道［　　］は、三両［　　］へんせいだ。

2 次の漢字を書きましょう。

① 飛行機(ひこうき)は、□(はたけ)に□□(ちゃくち)した。

② □□(ようもう)でおられた（　うつくしい　）衣服(いふく)。

③ □□□(ぶんかさい)におくれる□□(りゆう)をつげる。

④ □(むかし)の事件の□□(しんそう)が分かる。

⑤ あと□□(すうびょう)で（　しぬ　）ところだった。

④の「しんそう」は本当の様子(ようす)のことだよ。

答えは94ページ

LESSON 66

まとめテスト ⑧

月　日

正かい18問中　問　合かく15問

1 次の――線の読み方を書きましょう。

① すばらしい<u>庭園</u>の<u>様子</u>を<u>空想</u>する。
［　　　］［　　　］［　　　］

② <u>作曲家</u>は、とても<u>申</u>しわけなさそうだった。
［　　　］［　　　］

③ <u>院長先生</u>は、<u>深</u>いため<u>息</u>をついた。
［　　　］［　　　］［　　　］

④ <u>文庫本</u>の<u>落丁</u>を発見（はっけん）する。
［　　　］［　　　］

2 次の漢字を書きましょう。

① □□（じんじゃ）の近くに□□（けんりつ）の高校がある。

② 試合（しあい）に（　まける　）と、気分が（　くらく　）なる。

③ ていねいにお□（れい）を言ったすがたに□□（かんしん）した。

④ □□（たいよう）がてりつけるので、ひどく（　あつい　）。

⑤ （　くらがり　）の中で何かが□□（ぎんいろ）に光る。

答えは94ページ

LESSON 67

漢字を読もう 事・予・医・区・開・者

正かい 12問中 合かく10問 問 月 日

① 仕事に出かける。［　　］

② 事実を知る。［　　］

③ 明日の予習(しゅう)をする。［　　］

④ 先のことを予言する。［　　］

⑤ 医院でみてもらう。［　　］

⑥ あの人は、名医だ。［　　］

⑦ 列車の不通(ふつう)区間。［　　］

⑧ 部屋(へや)を二つに区切る。［　　］

⑨ 雨戸を開ける。［　　］

⑩ 開会式を行う。［　　］

⑪ 悪者をやっつける。［　　］

⑫ 学者になりたい。［　　］

チェックポイント

「医」の筆順(ひつじゅん)は、「一→ㇷ→三→デ→矢→医」です。

⑨「開ける」と「閉(し)める」は反対語で、「開閉(へい)」という熟語(じゅくご)もあります。

答えは94ページ

LESSON 68

漢字を書こう

正かい 14問中

合かく 11問

問

月 日

① [できごと]。

② なまけ[もの]。

③ 十時に[かいてん]する。

④ 手紙の[へんじ]。

⑤ [さくしゃ]の考え。

⑥ [いやくひん]。

⑦ [よてい]を立てる。

⑧ [いがく]の進歩。

⑨ [くかく]整理（せいり）。

⑩ 花が（ひらく）。

⑪ 旅行（りょこう）の[よさん]。

⑫ 土地の[くぶん]。

⑬ ドアが（あく）。

⑭ 新聞[きじ]。

答えは95ページ

LESSON 69

漢字を読もう

屋・局・岸・島・病・物

正かい12問中　問　合かく10問　月　日

① 赤い屋根の家。［　　］

② ビルの屋上。［　　］

③ ゆうびん局へ行く。［　　］

④ むずかしい局面。［　　］

⑤ 川の岸。［　　］

⑥ 岸頭に立つ。［　　］

⑦ 遠くに島が見える。［　　］

⑧ 日本列島。［　　］

⑨ 病には勝てない。［　　］

⑩ 病気にかかる。［　　］

⑪ 物語を読む。［　　］

⑫ 動物園へ遊びに行く。［　　］

チェックポイント

「島」の六画目の横棒(よこぼう)をわすれないようにしましょう。

島　わすれない

「病」の部首(ぶしゅ)は、「疒」(やまいだれ)です。

答えは95ページ

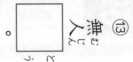

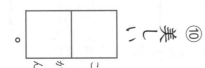

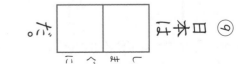

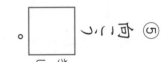

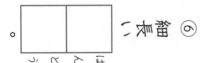

LESSON 70

漢字を書こう

正かい 14問中　問　合かく 11問

月　日

① （はなや）の店先。

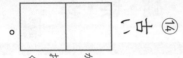

② （しょくぶつ）採集（さいしゅう）。

③ （きょくち）的（てき）な大雨。

④ （びょうじゃく）な弟。

⑤ 向こう（ぎし）。

⑥ 細長い（はんとう）。

⑦ （おくない）プール。

⑧ （やまい）は気から

⑨ 日本は（しまぐに）だ。

⑩ 美しい（こがん）。

⑪ 市外（きょくばん）。

⑫ （ものおと）がする。

⑬ 無人（むじん）（とう）。

⑭ 古い（かおく）。

答えは95ページ

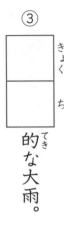

LESSON 71

漢字を読もう 族・旅・整・放・短・業

正かい12問中 合かく10問 問

月 日

① 父の親族。［　　］

② 旅に出たい。［　　］

③ 海外へ旅行する。［　　］

④ 列を整える。［　　］

⑤ つくえの中を整理する。［　　］

⑥ 鳥を森に放す。［　　］

⑦ ボールを放る。［　　］

⑧ ラジオ放送を聞く。［　　］

⑨ 気の短い人だ。［　　］

⑩ 短文を作る。［　　］

⑪ 作業服に着がえる。［　　］

⑫ 工業がさかんになる。［　　］

チェックポイント

「整」「放」の部首は、「攵」（のぶん・ぼくづくり）です。

⑨「短い」と「長い」は反対語で、「長短」という熟語もあります。

答えは95ページ

LESSON 72

漢字を書こう

月　日

正かい　14問中　　問　合かく11問

① □□（けつぞく）関係（かんけい）。

② □□（りょかん）に着く。

③ 今日は□□（きゅうぎょう）日。

④ □□□（たんじかん）。

⑤ 犬を（　　）（はなす）。

⑥ 形が（　　）（ととのう）。

⑦ □□（ぎょうしゃ）にたのむ。

⑧ 魚の□□（ほうりゅう）。

⑨ 外国を□（たび）する。

⑩ □□□（すいぞくかん）。

⑪ □□（せいれつ）する。

⑫ （　　）（みじかい）糸。

⑬ 野に（　　）（はなつ）。

⑭ （　　）（ととのった）文。

答えは95ページ

漢字を読もう　登・発・期・有・服・炭

正かい　12問中　問　合かく10問　月　日

① さるが木に登る。［　　　］

② はじめての登山。［　　　］

③ もう出発した。［　　　］

④ すばらしい発明。［　　　］

⑤ 二学期になった。［　　　］

⑥ 期日を守る。［　　　］

⑦ 有りあわせのもの。［　　　］

⑧ 世界有数の都市(とし)。［　　　］

⑨ 洋服を買う。［　　　］

⑩ 出来ばえに感服した。［　　　］

⑪ 炭火でやく。［　　　］

⑫ 炭水化物をとる。［　　　］

チェックポイント

「登」「発」の部首(ぶしゅ)の「癶」(はつがしら)の筆順(ひつじゅん)は、「フ→ヲ→ヺ→癶→癶」です。

「期」「有」の部首は「月」(つき)、「服」は「月」(つきへん)、「炭」は「火」(ひ)です。

答えは95ページ

LESSON 74

漢字を書こう

月　日

正かい　14問中　問

合かく　11問

① □□（ゆうりょく）なじょうほう。

② □□（れいふく）を着る。

③ 山に（　　　　）（のぼる）。

④ □□□（だいはっけん）。

⑤ ざいさんが（　　　　）（ある）。

⑥ □□（きかん）限定（げんてい）。

⑦ 新製品（しんせいひん）の□□（はつばい）。

⑧ 美しい□（ふく）。

⑨ □□（とうじょう）人物。

⑩ □□（もくたん）をやく。

⑪ □□（じき）が悪い。

⑫ 真っ黒な□（すみ）。

⑬ □□（とうこう）する。

⑭ □□（ゆうよう）な品物。

答えは95ページ

漢字を読もう　章・童・都・部・酒・配

正かい　12問中　合かく10問　問　月　日

① 本の第一章。［　　］

② 楽曲の最終楽章。［　　］

③ かれは、童顔だ。［　　］

④ 神童とよばれた子。［　　］

⑤ 京の都のれきし。［　　］

⑥ 都会に住む。［　　］

⑦ 全体の一部分。［　　］

⑧ テニス部に入る。［　　］

⑨ 父が、酒を飲む。［　　］

⑩ 洋酒を買いに行く。［　　］

⑪ 給食を配る。［　　］

⑫ 心配でねむれない。［　　］

チェックポイント

「都」「部」の部首は、「阝」（おおざと）です。「阝」（こざとへん）と区別します。

「酒」の右部分、「配」の左部分は、「西」ではなく「酉」です。

答えは95ページ

LESSON 76

漢字を書こう

月　日

正かい 14問中　合かく 11問　問

① 紙を（くばる）。

② 小説（しょうせつ）の序（じょ）［しょう］。

③ ［いんしゅ］をやめる。

④ 小さな［へや］。

⑤ ［どうしん］に返る。

⑥ 国の［みやこ］。

⑦ お［さけ］を買う。

⑧ 児（じ）［どう］会に出る。

⑨ ［こうしょう］をつける。

⑩ 発行［ぶすう］。

⑪ たくみな［はいしょく］。

⑫ 大きな［とし］。

⑬ ［さかば］に行く。

⑭ 気（くばり）がうまい。

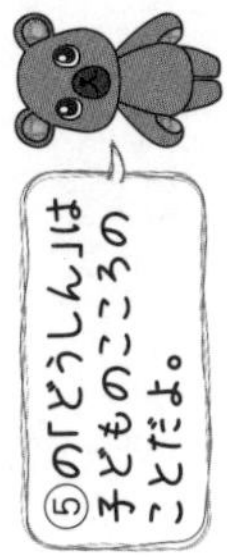

⑤の「どうしん」は子どものこころのことだよ。

答えは95ページ

LESSON 77

漢字を読もう　待・役・全・写・表・具・駅

正かい　　問／12問中　合かく10問

月　日

① 待ち合わせをする。［　　］

② 期待したとおりだ。［　　］

③ 役者になりたい。［　　］

④ 全く同じもの。［　　］

⑤ 全てかたづけた。［　　］

⑥ 交通安全週間。［　　］

⑦ 文を写す。［　　］

⑧ 明日は写生大会だ。［　　］

⑨ はがきの表書き。［　　］

⑩ 教科書の表紙。［　　］

⑪ 具体的(てき)に説明(せつめい)する。［　　］

⑫ 駅前からバスに乗る。［　　］

チェックポイント

「待」「役」の部首は、「彳」(ぎょうにんべん)です。

「表」と「裏(うら)」は反対語です。「表裏(り)」という熟語(じゅくご)もあります。

答えは95ページ

LESSON 78

漢字を書こう

正かい 14問中 合かく 11問　　問　月　日

① かき（うつす）。

② 人を（まつ）。

③ □□（えきちょう）さん。

④ □□（しゅやく）になる。

⑤ （まったく）ない。

⑥ □□（はっぴょう）する。

⑦ ここで□（たい）機（き）する。

⑧ □□（やくにん）になる。

⑨ そうじ□□（ようぐ）。

⑩ 日本□□（ぜんこく）。

⑪ □□（しょしゃ）の時間。

⑫ □（えき）のホーム。

⑬ 顔に（あらわれる）。

⑭ □□（かぐ）をえらぶ。

答えは95ページ

LESSON 79

漢字を読もう 研・究・習・育・路・起・農

正かい 12問中 ＿問 合かく 10問 ＿月＿日

① レンズを研ますする。［　　］

② 究極(きょく)の選(せん)たくだ。［　　］ ［　　］

③ ピアノを習う。［　　］

④ 学習にはげむ。［　　］

⑤ 子どもを育てる。［　　］

⑥ 教育する。［　　］

⑦ 家路を急ぐ。［　　］

⑧ 路地で遊ぶ。［　　］

⑨ 朝早く起きる。［　　］

⑩ 起立の号令(ごうれい)をかける。［　　］

⑪ 農作物の取り入れ。［　　］

⑫ 農業をいとなむ。［　　］

チェックポイント

「究」の部首は「穴」(あなかんむり)です。「宀」(うかんむり)ではありません。

「育」の部首の「肉」(にく)は、体に関係(かんけい)があることを表します。

答えは96ページ

LESSON 80

漢字を書こう

月　日

正かい 14問中　問　合かく 11問

① □□（のうえん）ではたらく。

② □（けん）修（しゅう）を行う。

③ 事実の□□（きゅうめい）。

④ □□（せんろ）がつづく。

⑤ （　　）（ならい）事に行く。

⑥ □□（たいいく）の先生。

⑦ □□（じしゅう）をする。

⑧ 人材（じんざい）の□□（きよう）。

⑨ 犬が（　　）（そだつ）。

⑩ □□（やまじ）を急ぐ。

⑪ 革命（かくめい）が（　　）（おこる）。

⑫ □□（のうか）の人。

⑬ 原因（げんいん）の□□（ついきゅう）。

⑭ □□（ろめん）電車。

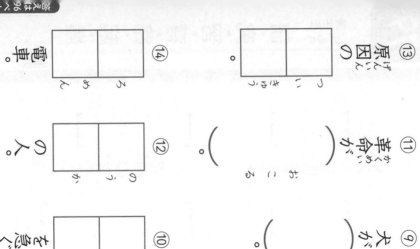

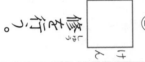

答えは96ページ

LESSON 81

まとめテスト ⑨

正かい 18問中 ___問 合かく 15問 月 日

1 次の——せんの読み方を書きましょう。

① 島［　］に 一つしか ない 病院［　］。

② 旅先［　］から 兄が 帰る 予感［　］が した。

③ 父は、石炭［　］を あつかう 事業［　］を 始めた。

④ のこされた 期間［　］は、とても 短［　］い。

2 次の漢字を書きましょう。

① 広い □□（のうじょう）に牛を（　　）（はなす）。

② □□（しゃしん）をとるために、山に（　　）（のぼる）。

③ □（えき）で先生を（　　）（まつ）。

④ 気持ちを □□（ぶんしょう）に（　　）（あらわす）。

⑤ □□（かぞく）みんなで □□（どうわ）を楽しんだ。

答えは96ページ

LESSON 82 まとめテスト ⑩

正かい 18問中 合かく 15問　問　月　日

1 次の――線の読み方を書きましょう。

① 全ての人に、食べ物を配る。
［　　］［　　］

② 都心にあるアパートの部屋。
［　　］［　　］［　　］［　　］

③ 路上にたくさんの見物人が集まる。
［　　］［　　］［　　］［　　］［　　］

④ 区役所のドアを開ける。
［　　］［　　］［　　］

2 次の漢字を書きましょう。

① □□（いしゃ）が治（ち）りょう法（ほう）を□□（けんきゅう）する。

② □□（ようふく）のたたみ方を、母から（　　　　）（ならう）。

③ これは□□（やっきょく）で使う□□（どうぐ）だ。

④ □□（かいがん）で、不思議（ふしぎ）なことが（　　　　）（おきた）。

⑤ □□（ゆうめい）な土地で（　　　　）（そだった）。

④の「開ける」は同じ読み方の漢字（明・空）があるよ。

答えは96ページ

LESSON 83

仕上げテスト ①

月　日

正かい18問中　合かく15問　問

1 次の――線の読み方を書きましょう。

① 集中して　しっかり　学習する。
［　　］［　　］

② この　鉄橋は、　昭和　四十年に　できた。
［　　］［　　］

③ つらい　事実を　知って、悲しむ。
［　　］［　　］

④ これは　医学の　歴史（れきし）に　のこる　大発見だ。
［　　］［　　］

2 次の漢字を書きましょう。

① □□（そくど）を上げて（　　）（およぐ）。

② 外出しようと、急いで□（ふく）を（　　）（きる）。

③ □□（かいがん）の風景（ふうけい）は、とても（　　）（うつくしい）。

④ □□（てちょう）に、□□□□（でんわばんごう）を書きとめる。

⑤ □□（あんてい）した生活を（　　）（おくる）。

答えは96ページ

LESSON 84

仕上げテスト ②

正かい 18問中 ／ 合かく 15問 ／ 月　日

1 次の——線の読み方を書きましょう。

① 図書委員の［　　］助言を［　　］聞いて、本を　えらんだ。

② 太陽の［　　］光が［　　］　とどかないので　暗い。［　　］

③ 行列が［　　］　やっと　進んだ。［　　］

④ 先生から［　　］指名されて［　　］　意見を　のべる。［　　］

2 次の漢字を書きましょう。

① □□（けっしょく）のよい顔で（　　）（あそぶ）子どもたち。

② この□□□（ほうそうきょく）は、□□（にかい）だてだ。

③ 弟は、ゲームに（　　）（かつ）と□（はな）を高くする。

④ □□□（どうしょくぶつ）について□□（べんきょう）する。

⑤ （　　）（すべて）の人に水を□□（びょうどう）に分ける。

答えは96ページ

LESSON 85

仕上げテスト ③

月　日　正かい 18問中　合かく 15問　問

1 次の——線の読み方を書きましょう。

① たなの 上の 商品を［　］ 整理する。［　］

② 幸福な［　］ 気分で 旅行に［　］ 出かけた。

③ 平和が［　］ つづくように 神社で［　］ いのる。

④ 箱の［　］ 中には 皿が［　］ 入って いた。

2 次の漢字を書きましょう。

① （あたたか）な水が（ながれる）。

② □□□（がっきゅうかい）が、ようやく（はじまった）。

③ □（こおり）がいくつあるか（しらべる）。

④ □□（さいじつ）を利用（りよう）して、□□（とざん）を楽しむ。

⑤ この□（はたけ）からは、□（まめ）がとれる。

答えは96ページ

LESSON 86

仕上げテスト ④

正かい　18問中　合かく 15問　問　月　日

1 次の――線の読み方を書きましょう。

① 先生に　お礼を［　　］　申し上げる。［　　］

② 新緑の［　　］　風景（ふうけい）を　写真に［　　］　とる。

③ この　文章の［　　］　筆者を［　　］　知りたい。

④ あやうく　死ぬ［　　］　ところを　助かった。［　　］

2 次の漢字を書きましょう。

① □□（きゅうしゅう）から来た人と□□（めんかい）した。

②（　　）（とい）かけに、答えを（　　）（かえす）。

③ 一枚（いちまい）の木の□（は）を、（　　）（ひろう）。

④ 未来（みらい）の□□（せかい）について□□（くうそう）をめぐらす。

⑤ かすかに（　　）（にがい）、へんな□（あじ）がした。

答えは96ページ

LESSON 87

仕上げテスト ⑤

正かい 18問中 問　合かく 15問　月 日

1 次の――線の読み方を書きましょう。

① 昔［　　］の 夏は、もっと 暑［　　］かった。

② 船の 汽笛［　　］が、島［　　］まで 聞こえた。

③ 打球［　　］は 大きく 曲［　　］がった。

④ ここは 県［　　］が 運営（うんえい）する 水族館［　　］だ。

2 次の漢字を書きましょう。

① この［にもつ］は、とても（かるい）。

② ［はんたい］する［りゆう］を知りたい。

③ ［とかい］を（さり）、ふるさとにもどる。

④ 多くの［どうぐ］を（つかう）。

⑤ 人間の［しんたい］についての［けんきゅう］。

答えは96ページ

LESSON 88

仕上げテスト ⑥

正かい 18問中 ＿問　合かく 15問　＿月＿日

1 次の——線の読み方を書きましょう。

① 湖［　］のそばのホテルで会談［　］が行われた。

② 空港［　］で飛行機（ひこうき）を待［　］つ。

③ 宿所［　］の近［　］くには、銀行［　］がある。

④ 路上［　］で白［　］い車［　］が横転［　］した。

2 次の漢字を書きましょう。

① たくさんの□（ひつじ）を（そだてる）。

② □□（たこく）の□□（ぶんか）に親しむ。

③ □□（しじん）の言葉に深く□□（かんどう）した。

④ 新しい□□（はなや）が□□（かいてん）する。

⑤ 子どもたちを□□（あくにん）から（まもる）。

答えは96ページ

答え

①
1 ①たの・せいかつ　②あさ・はしゃ　③いえ・どくしょ　④ふね・きしゃ
2 ①馬・走る　②土曜日・午後　③新聞・買う　④教室・広い　⑤交通・多い

②
1 ①あに・いけ　②おとうと・さんすう　③でんき・なお　④つよ・よわ
2 ①野鳥・鳴く　②公園・海　③黄色・黒　④高い・売る　⑤今週・少ない

ポイント 2⑤「少ない」は、送りがなに気をつけます。「少くない」や「少い」は、まちがいです。

③
1 ①あね・としょ　②にく・からだ　③ちゅうしょく・ちゅうしん　④ごうり・かんが
2 ①妹・国語　②当日・会話　③細い・切れる　④牛・引く　⑤声・歌う

ポイント 1④「合理的」の意味は、「道理や理くつに合っている様子」です。

④
1 ①なつ・むぎ　②はる・え　③ふゆ・みち　④あき・ほし
2 ①兄弟・茶　②古い・知る　③時間・刀　④寺・日記　⑤弓・矢

⑤
ポイント 2③「刀」と「力」は、形がにています。きちんと書き分けましょう。

1 ①じぶん・あたま　②おも・かみ　③しゃかい・けいかく　④たに・いわ
2 ①姉妹・元気　②心・答える　③毛・作る　④光・明るい　⑤雪・帰る

ポイント 2④「明」には、「明るい」のほかに、「明かり」「明ける」「明らか」などの訓読みがあります。

⑥
1 ①おや・ふぼかい　②みせ・あ　③だいち・おんがく　④げんけい・わ
2 ①東西南北・門　②組・歩く　③友・顔　④強弱・首　⑤魚・売買

⑦ ①かわ　②とうひ　③さら　④ち　⑤けつ　⑥まめ　⑦とう　⑧だいず　⑨みぢか　⑩じしん　⑪つぎ　⑫もくじ

ポイント ⑨「身近」の読みがなは「みぢか」です。「みじか」はまちがいです。

⑧ ①次　②皮肉　③皿　④出血　⑤皮　⑥豆　⑦身　⑧血　⑨豆　⑩次回　⑪皿　⑫身体　⑬大豆　⑭皮下

⑨ ①めんかい　②がめん　③は　④し　⑤はなごえ　⑥じぬし

⑦おも　⑧しゅじんこう　⑨の
⑩じょうしゃ　⑪さ　⑫きょ

⑩
①乗る　②地面　③鼻歌　④去年
⑤歯車　⑥歯　⑦主食　⑧去る
⑨面　⑩主　⑪乗馬　⑫鼻水
⑬面目　⑭店主

ポイント ⑬「面目」の意味は、「世間やまわりの人に対する立場や体面」です。

⑪
①あつ　②しゅうごう　③ほんだい
④しゅつだい　⑤だいじ　⑥ちゅうおう　⑦ゆだ　⑧い　⑨はじ
⑩かいし　⑪さか　⑫さかみち

⑫
①集まる　②中央　③委ねる
④集会　⑤坂　⑥始まり　⑦文集
⑧話題　⑨年始　⑩坂道　⑪委
⑫集める　⑬題名　⑭始める

ポイント ⑪「委任」の意味は、「ほかの人などにまかせて、自分のかわりにしてもらう」ということです。

⑬
①およ　②すいえい　③あたた
④すいおん　⑤かんご　⑥かんぽう　⑦き　⑧けっさん　⑨みずうみ　⑩こじょう　⑪みなと
⑫しゅっこう

ポイント ⑤「和語」は古くからの日本語、「漢語」は中国から入ってきた言葉です。漢字を訓読みするのが和語、音読みするのが漢語です。

⑭
①決まる　②体温　③決心　④泳ぐ　⑤空港　⑥温める　⑦遠泳
⑧湖　⑨漢数字　⑩湖面　⑪港町
⑫漢文　⑬決行　⑭温室

---

⑮
①け　②しょう　③ふか　④すいしん　⑤そそ　⑥ちゅうもく
⑦ゆ　⑧とう　⑨なみの　⑩おんぱ　⑪あぶら　⑫せきゆ

⑯
①波風　②消火　③油　④深める
⑤消す　⑥深海　⑦油絵　⑧深い
⑨注ぐ　⑩電波　⑪湯　⑫消える
⑬注文　⑭湯

⑰
①とうよう　②たいせいよう
③ながさ　④りゅうこう　⑤こおり
⑥ひょうざん　⑦し　⑧ししゅう
⑨だん　⑩だんわ　⑪しら　⑫たいちょう

⑱
①上流　②遠洋　③氷　④詩人
⑤流れ　⑥会談　⑦西洋　⑧詩
⑨氷点下　⑩調子　⑪流す　⑫調べる　⑬面談　⑭流氷

ポイント ③「氷」を「永」と書かないように気をつけましょう。

⑲
1 ①つぎ・けがわ　②おんすい・およ　③さら・はな　④ち・けっしん
2 ①港・大洋　②湯・注ぐ　③去年・身長　④湖・主　⑤豆・調べた

ポイント **1** ③「鼻が高い」は、「得意な気持ちだ」という意味の慣用句です。

⑳
1 ①かんじ・け　②は・しか
③い・めんだん　④し・しゅだい
2 ①中央・集まる　②坂道・深い
③波・乗る　④氷山・流れる
⑤油・始める

㉑ ①たい ②たいめん ③ほんしゅう ④しゅう ⑤だいちょう ⑥ちょうめん ⑦にゅうがくしき ⑧せいしき ⑨ところ ⑩きんじょ ⑪ぎょうれつ ⑫れっとう

㉒ ①州 ②台所 ③列 ④通帳 ⑤形式 ⑥対立 ⑦高所 ⑧帳 ⑨対決 ⑩九州 ⑪式場 ⑫列車 ⑬長所 ⑭日記帳

ポイント ⑧「帳じりを合わせる」とは、「計算を合わせる・つじつまを合わせる」ということです。

㉓ ①ゆび ②しめい ③も ④じ ⑤ひろ ⑥ひろ ⑦う ⑧だ ⑨な ⑩とうきゅう ⑪たま ⑫ちきゅう

㉔ ①球 ②指す ③持つ ④指 ⑤拾う ⑥強打 ⑦拾い ⑧投げる ⑨打つ ⑩持 ⑪野球 ⑫投書 ⑬指数 ⑭打球

㉕ ①しゃいん ②かいいん ③きみ ④くんしゅ ⑤む ⑥ふうこう ⑦ごうがい ⑧ばんごう ⑨しょうばい ⑩しょうしゃ ⑪しな ⑫さくひん

㉖ ①品 ②君 ③年号 ④商店 ⑤主君 ⑥向ける ⑦商人 ⑧記号 ⑨教員 ⑩品行 ⑪方向 ⑫委員会 ⑬商品 ⑭向かう

㉗ ①いのち ②じんめい ③と ④もんどう ⑤わし ⑥わか ⑦あじ ⑧みかた ⑨しあわ ⑩こう ⑪たい ⑫ちへい

㉘ ①命 ②学問 ③水平線 ④和室 ⑤問い ⑥幸 ⑦生命 ⑧味見 ⑨和風 ⑩平ら ⑪幸せ ⑫地味 ⑬幸い ⑭平たい

㉙ ①やす ②あんしん ③さむ ④かんてん ⑤きゃく ⑥らいきゃく ⑦みや ⑧きゅうちゅう ⑨み ⑩じっちょく ⑪まも ⑫しゅ

ポイント ⑧「宮中」とは、「皇居(天皇のお住まい)の中」のことです。

㉚ ①実 ②寒中 ③安らか ④実名 ⑤寒い ⑥王宮 ⑦客室 ⑧守り ⑨客人 ⑩安楽 ⑪宮 ⑫守 ⑬実る ⑭安らぐ

㉛ ①やど ②しゅくだい ③さだ ④してい ⑤じょう ⑥どうきゅうせい ⑦お ⑧しゅうてん ⑨みどりいろ ⑩りょくちゃ ⑪ね ⑫れん

㉜ ①緑 ②合宿 ③終わる ④定休日 ⑤宿り ⑥下級生 ⑦練る ⑧高級 ⑨新緑 ⑩定め ⑪練 ⑫終電 ⑬定 ⑭練り

ポイント ⑭「練り歩く」の意味は、「行列を組んでゆっくり歩く」です。

㉝ **1** ①きゃく・じょうひん ②しょうてん・れつ ③くんしゅ・おうきゅう ④と・う

2 ①式・終わる ②幸せ・味わう ③決定・手帳 ④寒い・平気 ⑤命・守る

㉞
1 ①とうしゅ・たま ②きたきゅうしゅう・げしゅく ③ばしょ・れん ④がっきゅう・たいりつ
2 ①緑色・記号 ②指・拾う ③調和・持つ ④向上・実力 ⑤委員・安心

㉟ ①かかり ②けい ③つか ④しく ⑤つか ⑥しよう ⑦す ⑧じゅうしょ ⑨ほか ⑩たこく ⑪か ⑫だいようひん

㊱ ①代金 ②仕 ③係 ④仕 ⑤係 ⑥代わり ⑦住む ⑧他力 ⑨住人 ⑩使い ⑪天使 ⑫他 ⑬使命 ⑭古代

㊲ ①ばいすう ②に ③にだい ④くる ⑤にが ⑥くらく ⑦くすり ⑧やくひん ⑨は ⑩よう ⑪お ⑫らくば

㊳ ①落ちる ②苦心 ③荷 ④三倍 ⑤薬 ⑥言葉 ⑦苦しい ⑧落下 ⑨倍 ⑩葉 ⑪火薬 ⑫荷 ⑬落葉 ⑭苦い

ポイント ⑩「葉脈」とは、「木や草の葉にあるすじ」のことです。

㊴ ①よこがお ②おう ③はし ④ほどうきょう ⑤ね ⑥きゅうこん ⑦う ⑧しょく ⑨はしら ⑩えんちゅう ⑪いた ⑫ばんしょ

㊵ ①板 ②柱 ③大根 ④植 ⑤横 ⑥橋 ⑦電柱 ⑧根 ⑨橋 ⑩横 ⑪植え ⑫黒板 ⑬根気 ⑭茶柱

㊶ ①おうさま ②どうよう ③だいいっぽ ④らくだい ⑤くちぶえ ⑥てき ⑦ひと ⑧びょうどう ⑨はこ ⑩ばこ ⑪ふで ⑫ひっき

ポイント ⑫「筆記」の意味は、「書きしるす」ということです。

㊷ ①様 ②筆 ③箱 ④筆算 ⑤第一 ⑥等しい ⑦笛 ⑧一等 ⑨様式 ⑩汽笛 ⑪第一次 ⑫筆箱 ⑬多様 ⑭自筆

ポイント ⑨「様式」の意味は、「ものごとのやり方やあり方」です。

㊸ ①はこ ②うんきゅう ③すす ④しんしゅつ ⑤おく ⑥かいそう ⑦はや ⑧じそく ⑨お ⑩つい ⑪かえ ⑫へんとう

ポイント ⑦**動きやスピード**が「はやい」ときは「速い」、**時間**が「はやい」ときには「早い」と書きます。

㊹ ①運命 ②速さ ③運送 ④行進 ⑤返す ⑥高速 ⑦追 ⑧運ぶ ⑨進める ⑩返金 ⑪速 ⑫送り ⑬追う ⑭返送

㊺ ①あそ ②かいゆうぎょ ③と ④せんしゅ ⑤う ⑥じゅ ⑦そ ⑧はんさよう ⑨かる ⑩けい ⑪ころ ⑫てんこう

答え

㊻ ①取る ②反対 ③軽い ④遊園地 ⑤回転 ⑥受理 ⑦受ける ⑧転がす ⑨取 ⑩遊び ⑪軽食 ⑫反る ⑬受かる ⑭反転

㊼ ①たす ②じょちょう ③かけっしょう ⑤うご ⑥うんどうじょう ⑦べんきょうか ⑧べんがく ⑨の ⑩いんしょく ⑪やかた ⑫としょかん

㊽ ①行動 ②勝ち ③飲用水 ④助け ⑤勉 ⑥飲み ⑦館内 ⑧助力 ⑨勝算 ⑩動かす ⑪勉学 ⑫館 ⑬助手 ⑭自動車

ポイント ③「飲用水」とは「飲むために使う水」のことで、「飲み水」とほぼ同じ意味です。

㊾ **1** ①に・かる ②だいりにん・おく ③かいてん・ようす ④はし・きてき

2 ①薬・苦い ②箱・毛筆 ③動き・速い ④勉強・使う ⑤葉・遊ぶ

㊿ **1** ①ね・しゅ ②びょうどう・し ③じょげん・う ④す・しょくりん

2 ①次第・進む ②反・勝った ③他人・返す ④黒板・横 ⑤二倍・飲む

51 ①わる ②あくにん ③いみ ④けつい ⑤かんどう ⑥かんしん ⑦いそ ⑧きゅうこう ⑨りそう ⑩かいそう ⑪いき ⑫きゅうそく

ポイント ⑩「回想」の意味は、「すぎ去ったことを思い出す」ということです。

52 ①意地 ②体感 ③急用 ④思想 ⑤悪い ⑥急ぎ ⑦息 ⑧感想 ⑨意見 ⑩悪運 ⑪急ぐ ⑫実感 ⑬消息 ⑭悪さ

53 ①かな ②ひめい ③げかい ④たかい ⑤もう ⑥はたけ ⑦はたさく ⑧ゆらい ⑨りゆう ⑩おも ⑪じゅうだい ⑫みえ

ポイント ④「他界」とは、死ぬことです。

54 ①界 ②田畑 ③体重 ④悲しむ ⑤重ねる ⑥自由 ⑦悲しみ ⑧重い ⑨花畑 ⑩社交界 ⑪申し ⑫悲 ⑬重 ⑭由

ポイント ⑩「社交界」とは、人々が集まって交際する世界のことです。

55 ①よ ②せわ ③にちょうめ ④りょうて ⑤りょうりつ ⑥きつ ⑦つ ⑧ちゃくもく ⑨うつく ⑩びじん ⑪ひつじ ⑫ようひ

56 ①一丁 ②二世 ③美声 ④両方 ⑤三丁目 ⑥世 ⑦両親 ⑧美しい ⑨上着 ⑩羊 ⑪着せる ⑫世間 ⑬着地 ⑭羊

ポイント ⑩「牧羊犬」とは、「放牧中の羊を見張り、羊をかう人たちの仕事の手助けをする犬」のことです。

57 ①つういん ②だいがくいん ③ごかい ④かいか ⑤らくよう

⑥ようこう　⑦にゅうこ　⑧しゃ
こ　⑨にわ　⑩こうてい　⑪おん
どけい　⑫かくど

58
①寺院　②階級　③陽気　④高度
⑤金庫　⑥度　⑦三階　⑧山陽
⑨庭　⑩書庫　⑪家庭　⑫入院
⑬庭石　⑭今度

ポイント ⑧「山陽新幹線」は、新大阪駅から博多駅までを走る新幹線のことです。

59
①きんけん　②けんどう　③まみ
なみ　④しんい　⑤あいて　⑥に
んそう　⑦ぎん　⑧ぎんこう
⑨てつ　⑩てっきょう　⑪ま
⑫じふしん

ポイント ④「真意」の意味は、「本当の気持ち」です。

60
①負かす　②真実　③青森県
④勝負　⑤鉄工所　⑥銀世界
⑦真心　⑧手相　⑨相　⑩県
⑪銀　⑫地下鉄　⑬負う　⑭真

61
①まつ　②がくえんさい　③かみ
④ふうじん　⑤ふく　⑥ふくび
⑦ちょうれい　⑧いちれい　⑨し
⑩しにん　⑪ば　⑫かせき

62
①化学　②礼　③生死　④神
⑤化かす　⑥福　⑦祭日　⑧礼
⑨祭り　⑩福　⑪神話　⑫死ぬ
⑬祭る　⑭文化

ポイント ①「化学」は、いろいろな物質の組み立てや変化を研究する学問です。化学は科学の一分野です。

63
①あつ　②しょき　③むかし
④むかしふう　⑤くら　⑥あんき
⑦しょうわ　⑧ま　⑨ま　⑩きょ
くせん　⑪びょうよ　⑫いちびょう

ポイント ②「暑気ばらい」とは、「夏に冷たい食べ物や飲み物を飲食すること」で、体の熱気を取りはらおうとすることです。

64
①昔　②暗　③暑い　④名曲
⑤明暗　⑥秒　⑦曲がり　⑧大昔
⑨秒速　⑩暑中　⑪昭和　⑫暑さ
⑬暗い　⑭作曲

ポイント ⑩「暑中見まい」とは、「一年でもっとも暑さのきびしい時期に、知人の健康を気づかったり、自分の今の様子を知らせたりするために送るはがき」のことです。

65
1
①あくい・かな　②せかい・こ
うふく　③きゅう・かい　④て
つどう・さんりょう
2
①畑・着地　②羊毛・美しい
③文化祭・理由　④昔・真相
⑤数秒・死ぬ

66
1
①ていえん・くうそう　②さっ
きょくか・もう　③いんちょう・
いき　④ぶんこぼん・らくちょう
2
①神社・県立　②負ける・暗く
③礼・感心　④太陽・暑い
⑤暗がり・銀色

67
①しごと　②じじつ　③よ　④よ
げん　⑤いいん　⑥めいい　⑦く
かん　⑧くぎ　⑨あ　⑩かいかい
しき　⑪わるもの　⑫がくしゃ

⑥⑧ ①出来事 ②者 ③開店 ④返事 ⑤作者 ⑥医薬品 ⑦予定 ⑧医学 ⑨区画 ⑩開く ⑪予算 ⑫区分 ⑬開く ⑭記事

⑥⑨ ①やね ②おくじょう ③きょく ④きょくめん ⑤きし ⑥がんとう ⑦しま ⑧れっとう ⑨やまい ⑩びょうき ⑪ものがたり ⑫どうぶつえん

ポイント ④「局面」の意味は、「物事のありさまやなりゆき」です。

⑦⓪ ①花屋 ②植物 ③局地 ④病弱 ⑤岸 ⑥半島 ⑦屋内 ⑧病 ⑨島国 ⑩湖岸 ⑪局番 ⑫物音 ⑬島 ⑭家屋

ポイント ③「局地的」の意味は、「ある場所にかぎられている様子」です。

⑦① ①しんぞく ②たび ③りょこう ④ととの ⑤せいり ⑥はな ⑦ほう ⑧ほうそう ⑨みじか ⑩たんぶん ⑪さぎょう ⑫こうぎょう

ポイント ④「整える」は「みだれたものをきちんとする」ときに、「調える」は「したくをする」「まとめる」ときに使います。

⑦② ①血族 ②旅館 ③休業 ④短時間 ⑤放す ⑥整う ⑦業者 ⑧放流 ⑨旅 ⑩水族館 ⑪整列 ⑫短い ⑬放つ ⑭整った

⑦③ ①のぼ ②とざん ③しゅっぱつ ④はつめい ⑤にがっき ⑥きじつ ⑦あ ⑧ゆうすう ⑨ようふく ⑩かんぷく ⑪すみび ⑫たんすいかぶつ

ポイント ⑦「有りあわせ」の意味は、「その場につごうよくある」ということです。

⑦④ ①有力 ②礼服 ③登る ④大発見 ⑤有る ⑥期間 ⑦発売 ⑧服 ⑨登場 ⑩木炭 ⑪時期 ⑫炭 ⑬登校 ⑭有用

⑦⑤ ①だいいっしょう ②がくしょう ③どうがん ④しんどう ⑤みやこ ⑥とかい ⑦いちぶぶん ⑧ぶ ⑨さけ ⑩ようしゅ ⑪くば ⑫しんぱい

ポイント ④「神童」とは、「すばらしい才能(さいのう)を持つ子ども」のことです。

⑦⑥ ①配る ②章 ③飲酒 ④部屋 ⑤童心 ⑥都 ⑦酒 ⑧童 ⑨校章 ⑩部数 ⑪配色 ⑫都市 ⑬酒場 ⑭配り

⑦⑦ ①ま ②きたい ③やくしゃ ④まった ⑤すべ ⑥あんぜん ⑦うつ ⑧しゃせい ⑨おもて ⑩ひょうし ⑪ぐたい ⑫えきまえ

ポイント ⑪「具体的(ぐたいてき)」の意味は、「実際(じっさい)のすがたや形がはっきりしている様子」です。

⑦⑧ ①写す ②待つ ③駅長 ④主役 ⑤全く ⑥発表 ⑦待 ⑧役人 ⑨用具 ⑩全国 ⑪書写 ⑫駅 ⑬表れる ⑭家具

79 ①けん ②きゅう ③なら ④がくしゅう ⑤そだ ⑥きょういく ⑦いえじ ⑧ろじ ⑨お ⑩きりつ ⑪のうさくぶつ（のうさくもつ） ⑫のうぎょう

ポイント ①「研ま」とは、「宝石（ほうせき）やレンズなどをみがくこと」です。

80 ①農園 ②研 ③究明 ④線路 ⑤習い ⑥体育 ⑦自習 ⑧起用 ⑨育つ ⑩山路 ⑪起こる ⑫農家 ⑬追究 ⑭路面

ポイント ③「究明」の意味は、「道理や真理を追いもとめ、明らかにする」ということです。

81
1 ①しま・びょういん ②たびさき・よかん ③せきたん・じぎょう ④きかん・みじか
2 ①農場・放す ②写真・登る ③駅・待つ ④文章・表す ⑤家族・童話

82
1 ①すべ・くば ②としん・へや ③ろじょう・けんぶつにん ④くやくしょ・あ
2 ①医者・研究 ②洋服・習う ③薬局・道具 ④海岸・起きた ⑤有名・育った

83
1 ①しゅうちゅう・がくしゅう ②てっきょう・しょうわ ③じじつ・かな ④いがく・だいはっけん
2 ①速度・泳ぐ ②服・着る ③海岸・美しい ④手帳・電話番号 ⑤安定・送る

84
1 ①いいん・じょげん ②たいよう・くら ③ぎょうれつ・すす ④しめい・いけん
2 ①血色・遊ぶ ②放送局・二階 ③勝つ・鼻 ④動植物・勉強 ⑤全て・平等

85
1 ①しょうひん・せいり ②こうふく・りょこう ③へいわ・じんじゃ ④はこ・さら
2 ①温か・流れる ②学級会・始まった ③氷・調べる ④祭日・登山 ⑤畑・豆

86
1 ①れい・もう ②しんりょく・しゃしん ③ぶんしょう・ひっしゃ ④し・たす
2 ①九州・面会 ②問い・返す ③葉・拾う ④世界・空想 ⑤苦い・味

87
1 ①むかし・あつ ②きてき・しま ③だきゅう・ま ④けん・すいぞくかん
2 ①荷物・軽い ②反対・理由 ③都会・去り ④道具・使う ⑤身体・研究

88
1 ①みずうみ・かいだん ②くうこう・ま ③しゅくしょ・ぎんこう ④ろじょう・おうてん
2 ①羊・育てる ②他国・文化 ③詩人・感動 ④花屋・開店 ⑤悪人・守る